Nadine Junick

Ilona Einwohlt (Hrsg.)

Bald nun ist Weihnachten

Die schönsten Geschichten zum Vorlesen

Ilona Einwohlt,
geboren 1968, kennt viele, viele Kinderbücher.
Das kommt, weil sie sich seit 1989 professionell mit
Kinder- und Jugendliteratur beschäftigt. Inzwischen arbeitet sie als
freie Lektorin und lebt mit ihrem Mann und ihrem klitzekleinen Sohn
in Darmstadt. Für »Bald schon ist Weihnachten« hat sie ihre liebsten
Weihnachtsgeschichten zusammengestellt.

Hans-Günther Döring
1969 begann für Hans-Günther Döring das Abenteuer Schule. Dort
lernte er Zeichnen, Malen und alles, was ein Künstler sonst noch so
brauchen kann. Anschließend besuchte er die Fachhochschule für
Gestaltung in Hamburg.
Seit 1991 arbeitet er als freier Illustrator für Verlage und das
Fernsehen.

Ilona Einwohlt (Hrsg.)

Bald nun ist Weihnachten

Die schönsten Geschichten zum Vorlesen

Mit farbigen Bildern
von Hans-Günther Döring

Arena

In neuer Rechtschreibung

1. Auflage 2001
© 2001 Arena Verlag GmbH, Würzburg
Alle Rechte vorbehalten
Herausgegeben von Ilona Einwohlt
Einband und Innenillustrationen: Hans-Günther Döring
Quellenhinweise am Schluss des Buches
Gesamtherstellung: Westermann Druck Zwickau GmbH
ISBN 3-401-05301-9

Inhalt

1. Kapitel

Schneeflocken im Advent

2. Kapitel

Lieber Weihnachtsmann, ich wünsche mir …

3. Kapitel

Der Weihnachtsmann hat viel zu tun...

4. Kapitel

Heute ist endlich Weihnachten!

Schneeflocken im Advent

Helga R. Rossmeisl

Das Märchen vom ersten Schnee

Es war einmal ein Märchen. In diesem Märchen kam ein König vor, der wohnte in einem Schloss. Der König hatte eine Tochter, die sehr hübsch war. Sie hatte lustige blonde Locken, ein freundliches Gesicht und sie trug wunderschöne Kleider, so wie es sich für eine Märchenprinzessin gehört. Natürlich kamen viele junge Prinzen aus der Nachbarschaft und hielten um ihre Hand an. Als sie sich wieder einmal im Schloss versammelt hatten, sprach die Prinzessin zu ihnen: »Ich werde denjenigen unter euch wählen, dem es gelingt, den Regen abzustellen.«

»Den Regen?«, fragten die Prinzen verwundert.

»Jawohl, den Regen«, antwortete die Prinzessin. »Ich hasse den Regen! Er macht meine wunderschönen Kleider nass und lässt meine Locken traurig herunterhängen. Er macht mich hässlich und eine Märchenprinzessin darf nicht hässlich sein!«

Einer der Prinzen, der dies hörte, beschloss sich gleich auf den Weg zu machen, um der armen Prinzessin zu helfen. Er sattelte sein Pferd und ritt auf dem nächsten Regenbogen, den er fand, geradewegs zum Himmel empor. Bis zum Haus des Regenmachers. Der Prinz klopfte an und der Regenmacher öffnete ihm.

»Guten Tag«, sagte der Prinz, »ich bin gekommen, um dich zu fragen, ob du nicht den Regen abstellen kannst. Er macht die arme Prinzessin so hässlich.«

»Abstellen kann ich den Regen nicht«, erklärte der Regenmacher, »die Bäume und die Blumen brauchen ihn. Aber vielleicht kann ich den Regen etwas verändern, sodass er die Prinzessin nicht mehr hässlich macht. Dazu brauche ich aber deine Hilfe.«

Der Prinz musste ihm versprechen die Prinzessin nach draußen zu führen, sobald der erste kalte Wintertag angebrochen war.

Es vergingen viele Wochen, und als es zum ersten Male so richtig frostig kalt war, löste der Prinz sein Versprechen ein.

Die Prinzessin trippelte neben ihm durch den Schlosspark. Sie fror fürchterlich und hätte beinahe mit den Zähnen geklappert, aber so etwas tut eine Märchenprinzessin ja nicht.

Nach einer Weile sah die Prinzessin erschrocken zum Himmel hinauf. »Es regnet!«, rief sie. »Ich hab einen Tropfen gespürt.«

Es begann tatsächlich zu regnen, aber die Tropfen waren merkwürdig leicht. Es waren auch gar keine Regentropfen, die da vom Himmel fielen. Es waren lauter kleine Eisflöckchen!

Staunend standen beide da und betrachteten das Wunder: Weiße Regentropfen, die wie Watteflöckchen aussahen – so etwas hatte es noch nie gegeben! Die Schneeflocken ließen sich auf den blonden Locken der Prinzessin nieder. Sie setzten sich auf ihr Kleid und ihre Schuhe. Ein paar Schneeflöckchen blieben an ihren langen Wimpern hängen und glitzerten dort, bis sie aufgetaut waren. Die Hauptsache aber war: Sie machten die Prinzessin wunderschön! Sogar der König war entzückt, als er seine Tochter so sah. Und als der Prinz erzählte, wie es zugegangen war, dass aus dem Regen Schnee wurde, beschloss die Prinzessin ihn zu heiraten. Der König freute sich, dass seine Tochter endlich gewählt hatte, und gab seinen Segen dazu.

Seht ihr, liebe Kinder, hätte unsere hübsche Märchenprinzessin damals nicht den eigenartigen Wunsch gehabt und hätte ihn der Prinz nicht erfüllt, so würden auch heute zur Weihnachtszeit noch keine Schneeflocken fallen.

Manfred Mai

Warten auf Weihnachten

Die Mutter zündet die Kerzen am Adventskranz an. Dann setzt sie sich zu den anderen aufs Sofa.

»Wie lange dauert es denn noch bis Weihnachten?«, fragt Daniela ungeduldig.

»Nur noch ein paar Tage«, antwortet der Vater.

»Wenn nur zwei Kerzen auf dem Adventskranz wären, würde es nicht so lange dauern«, sagt Daniela.

Die Mutter lacht. »So einfach ist das nicht, mein Schatz.«

»Was heißt eigentlich Advent?«, fragt Melanie.

»Advent – das ist die Zeit des Wartens, der Vorbereitung auf die Ankunft Jesu. Zu Weihnachten feiern wir seinen Geburtstag und darauf bereiten wir uns vor.«

»Aber warum denn so lange?«

»Damit wir auch wirklich bereit sind ihn zu empfangen und seine Botschaft aufzunehmen«, erklärt die Mutter.

»Das verstehe ich nicht«, sagt Melanie und schüttelt den Kopf.

»Ich auch nicht.«

»Ja, wisst ihr«, versucht es die Mutter noch einmal.

»Wisst ihr«, macht der Vater Mutters Satz weiter, »viele Menschen verges-

sen im Laufe des Jahres vor lauter Arbeit, was die Geburt Jesu eigentlich bedeutet. Und damit wir das alle wieder so richtig begreifen, ist einige Zeit nötig.«

»Ich hab jetzt Lust, etwas zu singen«, sagt Daniela.

Sie stimmen einige Weihnachtslieder an. Dann schauen sie den flackernden Kerzen noch eine Weile zu.

»Seht ihr«, sagt der Vater in die Stille hinein, »das gehört alles zu der Vorbereitung, von der Mama gesprochen hat: miteinander sitzen und spüren, dass man nicht allein ist.«

Ursel Scheffler

Der Bäckerbär in Not

Es riecht nach Zimt und Vanille, nach Marzipan und Honigkuchen. Selbst ein blinder Bär kann den Weg zur Bäckerei finden. Er muss nur immer der Nase nach gehen.

Aber eines Morgens riecht Safran, der Bäckerbär, seine eigenen Vanillekipferl nicht mehr. Er niest und hustet. Er hat Kopfschmerzen, Fieber und Schüttelfrost. Seine Frau holt den Arzt.

»Grippe«, sagt Doktor Bärlapp und verordnet strengste Bettruhe.

»Grippe? Oje!«, jammert Frau Safran. »Ausgerechnet kurz vor Weihnachten. Wie soll ich nur allein mit der Arbeit fertig werden? Heute sind Zimtsterne dran, morgen ist Butterherzentag und übermorgen sind die Lebkuchenmänner an der Reihe.«

»Gesundheit geht vor«, brummt Dr. Bärlapp. »Was die Arbeit betrifft, so muss sie natürlich getan werden. Ich werde Adalbär fragen, ob er eine Aushilfe schicken kann!«

Adalbär hört sich überall um. Keiner in Bommerlund hat Zeit. Alle stecken bis über beide Ohren in Arbeit. Alle, bis auf Koka.

»Ich helfe gern, wenn ich meine Zettel ausgetragen habe!«, sagt er. »Und Kiki, Socke und Mütze helfen bestimmt auch!«

»Die Kinder? Ich weiß nicht . . .«, zögerte Adalbär.

»Die drei sind sehr geschickt«, sagt Koka. »Sie haben mir neulich erzählt, wie gern sie Plätzchen backen.«

So kommt es, dass die drei kleinen Bären als Aushilfskräfte in Bäcker Safrans Backstube geraten. Mütze und Socke dürfen die Nüsse mahlen.

Kiki darf den Eischnee schlagen. Koka presst die Zitronen aus und wiegt den Puderzucker ab.

Frau Safran steht an der großen Knetmaschine. Sie misst und wiegt die Zutaten ab. Dann rollt sie den Teig aus. Koka bereitet schon die Backbleche vor. Die drei kleinen Bären dürfen die Sterne ausstechen.

»Sehr schön!«, sagt Frau Safran zufrieden.

»Fast so schön wie die Sterne am Himmel«, sagt Kiki.

»Mhm, das schmeckt vielleicht lecker!«, sagt Socke und nascht vom Teig.

»Probiert nicht zu viele, sonst verderbt ihr euch den Magen!«, warnt Frau Safran.

»Mir kann nichts passieren. Ich esse nur Eukalyptusblätter«, kichert Koka.

Frau Safran zeigt Kiki, wie man aus Puderzucker und Zitronensaft einen Zitronenguss macht. Kiki streicht den Guss mit dem Backpinsel auf die Sterne.

»Wir haben's geschafft! Viel schneller, als ich gedacht hatte«, sagt Frau Safran, als die frisch gebackenen Zimtsterne zum Auskühlen auf dem Ladentisch liegen.

»Dürfen wir morgen wieder helfen?«, fragt Kiki.

»Gern«, sagt Frau Safran. »Morgen ist Butterherzentag.«

»Mhm. Meine Lieblingsplätzchen«, sagt Socke.

»Aber Zimtsterne mögt ihr doch auch, oder?«

»Jaaaa!«, rufen die drei Bären und Frau Safran packt Plätzchen ein. Für jeden eine kleine Tüte voll.

»Danke!«, rufen Kiki und Socke.

»Mhm! Warm schmecken sie am besten!«, sagt Mütze.

Dann machen sich die drei kleinen Bären auf den Heimweg. Koka bleibt noch und hilft beim Saubermachen. Ein bisschen traurig ist er jetzt schon, dass man aus Eukalyptusblättern keine Weihnachtskekse machen kann . . .

Kirsten Boie

Weihnachtsgeheimnisse

Eine Woche vor Weihnachten ist plötzlich die Schlafzimmertür abgeschlossen, als Jesper mittags aus der Schule nach Hause kommt.

»Das war sie ja vorhin schon!«, sagt Janna und rüttelt an der Klinke. »Als Mama mich vom Kindergarten abgeholt hat!«

Heute ist Mittwoch und da kommt immer Jannas Freundin Sarah-Lisa gleich nach dem Kindergarten mit nach Hause. Sarah-Lisa rüttelt auch.

»Ich glaube, da sind Weihnachtsgeschenke drin«, sagt Jesper und versucht durchs Schlüsselloch zu gucken. »Jawohl.«

»Weihnachtsgeschenke?«, sagt Janna. »In unserem Schlafzimmer? Du bist ja blöde? Die hat doch der Weihnachtsmann!«

Und dann rennt sie ganz schnell in die Küche, um Mama zu fragen.

Mama teilt gerade das Mittagessen für die Kinder in vier ganz genau gleiche Portionen.

»Tja, also das Schlafzimmer . . . «, sagt Mama zu Janna und Jesper wirft ihr über Jannas Kopf wieder einen von diesen Blicken zu. »Also, da hat der Jesper mal Recht. Da sind nämlich Weihnachtsgeheimnisse drin. Vom Weihnachtsmann. Und der hat mich gefragt, ob er das bei uns abladen darf.«

»Der Weihnachtsmann?«, fragt Janna ungläubig. »In unserem Schlafzimmer? Wo der doch bei sich so viel Platz hat? Da braucht der doch unser Schlafzimmer nicht!«

Jesper kichert, aber dann hört er gleich wieder auf.

»Das weiß ich nun auch nicht«, sagt Mama energisch. »Aber jedenfalls hat er mich gefragt, da mochte ich ihm das nicht abschlagen. Und nun steht unser Schlafzimmer voll.«

Sie nimmt zwei Teller von der Arbeitsplatte und stellt sie auf den Küchentisch. »Und jetzt wird gegessen!«, sagt Mama. »Sonst wird das Essen noch kalt.« Beim Essen reden Janna und Sarah-Lisa die ganze Zeit vom Weihnachtsmann. Sarah-Lisa ist noch nicht mal fünf, da ist das ja kein Wunder.

»Mir bringt der auch 'ne Barbie«, sagt Sarah-Lisa und versucht die Erbsen ohne Finger auf ihren Löffel zu kriegen. »Mhm, ja, das tut der.«

»Mhm, das tut der«, sagt Janna, und weil sie ja zu Hause ist, steckt sie ein paar Erbsen mit den Fingern in den Mund. »Und dann haben wir beide eine, nicht, Sarah-Lisa? Aber jetzt ist deine vielleicht noch in Lappland beim Weihnachtsmann. Und meine ist ja schon hier.«

»Ist meine gar nicht«, sagt Sarah-Lisa und jetzt vergisst sie auch, dass sie nur zu Besuch ist, und greift nach ihrem letzten Fischstäbchen. »Im Himmel ist die! Wo der Weihnachtsmann wohnt! Mit den Engeln!«

Aber Janna ist ja schon fünf und darum weiß sie das besser.

»Nein, in Lappland, du, Sarah-Lisa«, sagt sie energisch. »Da wohnt ja der Weihnachtsmann. Mit seinen Wichteln.«

»Wohnt der gar nicht!«, ruft Sarah-Lisa. »Der wohnt im Himmel! Bei den Engeln!«

»Dummes Kind!«, sagt Janna. Jetzt ist sie richtig aufgebracht. Wenn eine erst vier ist, braucht sie gar

nicht so zu tun. »Der wohnt in Lappland! Bei den Wichteln! Das weiß doch jeder! Da kannst du ja Jesper mal fragen. Nicht, Jesper, wohnt der doch?« Jesper hat seinen Teller fast leer.

»Jaja, in Lappland, hm, ja«, sagt Jesper und kichert. »Da wohnt der, hm ja«, und er versucht wieder Mama zuzuzwinkern, aber die steht an der Spüle und mischt sich nicht ein.

»Kannst du ja gar nicht wissen!«, schreit Sarah-Lisa. »Meine Mutter weiß das viel besser! Im Himmel wohnt der Weihnachtsmann, das sagt meine Mutter, und die ist schon alt!«

»Meine Mutter ist auch alt!«, schreit Janna. »Oder, Mama?«

An der Spüle dreht Mama sich ganz langsam um.

»Na ja, so ganz alt . . . «, sagt sie zögernd. »Aber so alt wie Sarah-Lisas Mutter bin ich wohl auch, ja, das schon«, und sie will weiter ihre Töpfe waschen. Aber das lässt Janna nicht zu. »Und wo wohnt er jetzt, Mama?«, schreit sie. »Im Himmel oder in Lappland?«

Da fängt Sarah-Lisa wirklich an zu weinen. »Im Himmel«, schluchzt sie. »Im Himmel bei den Engeln, sonst lad ich dich nicht zu meinem Geburtstag ein!«

Da kommt Mama von der Spüle. Sie trocknet sich die Hände am Küchen-

handtuch ab und dann nimmt sie Sarah-Lisa in den Arm und sagt, dass das ja gar keiner entscheiden kann, weil doch noch niemand das Haus vom Weihnachtsmann gesehen hat. »Aber ich könnte mir vorstellen«, sagt Mama, »dass er im Himmel und in Lappland wohnt, versteht ihr? So wie Lüdemanns aus dem zweiten Stock. Die wohnen doch auch mal hier und mal in ihrem Wochenendhaus in der Heide. Vielleicht macht das der Weihnachtsmann auch.« Und Mama geht zur Spüle.

»Und im Sommer macht er Ferien auf Mallorca!«, schreit Jesper und jetzt muss er so lachen, dass er fast mit seinem Stuhl umkippt. »Da zieht er sich die Badehose an!«

Aber Sarah-Lisa und Janna gucken gar nicht zu ihm hin und zum Nachtisch kriegt jeder ein Eis. Da vertragen die Mädchen sich wieder.

Anne Steinwart

Joscha wartet auf Schnee

Mitte Dezember ist schon vorbei und es will einfach nicht schneien! Joscha guckt jeden Tag ein paar Mal den grauen Himmel an. Bisher konnte er noch keine einzige Schneewolke entdecken. Wie Herbst ist es immer noch. Wie Herbst ohne bunte Blätter! Joscha wohnt in der Siedlung, weit draußen. Alle Gärten ringsum sehen traurig aus. Die meisten Bäume und Sträucher sind nackt. Der Wind zupft unfreundlich an den leeren Zweigen.

Nur abends sieht die Welt fröhlicher aus.

Dann funkelt in jedem Garten ein Tannenbaum mit elektrischen Kerzen. Die Tage vergehen langsam und langweilig. Am Wochenende öffnet Joscha das drittletzte Türchen an seinem Adventskalender. Ein richtig schöner Schneemann ist hinter der Nummer zweiundzwanzig. Joscha klappt das Türchen schnell wieder zu.

Eine Weile später sitzt er mit Mama und Papa am Frühstückstisch. »Ich bin sauer«, sagt er.

Papa fragt: »Warum? Was ist los?«

»Der Herbst hört nicht auf«, sagt Joscha. »Wann kommt endlich der Winter?«

»Heute«, sagt Mama. »Es steht in jedem Kalender. Heute fängt der Winter an!«

Josch sagt: »Davon merke ich nichts! Wo ist er denn?«

Mama und Papa lachen.

»Das ist nicht zum Lachen«, knurrt Joscha. »Ich warte auf Schnee!«

»Tja«, sagt Papa. »Warten ist schwer.«

Das weiß Joscha selber! »Vielleicht kommt der Winter nie mehr«, sagt er trübsinnig. »Letztes Jahr hat es auch nicht richtig geschneit!«

Joscha soll noch ein bisschen Geduld haben, sagt Mama und tröstend fügt sie hinzu: »Übermorgen ist Weihnachten. Ich freu mich schon!«

Joscha will sich nicht freuen. Bis übermorgen muss noch viel Zeit vergehen!

Auf alles muss er warten und warten und warten . . . Seine Geduld ist zu Ende!

Wenn es schneien würde, könnte er einen Schneemann bauen.

Und er könnte mit seinen Freunden Schlitten fahren.

Oder er könnte Schneebälle auf die Dächer werfen und wer weiß was machen . . .

Er hätte ganz viel Spaß und müsste nicht dauernd nur warten.

Da klingelt es plötzlich. »Sicher der Postbote«, sagt Mama.

Joscha steht auf und öffnet die Haustür. Oh! Seine Augen werden kugelrund. Ein Weihnachtsmann!

Er hält Joscha ein Paket entgegen, sagt »Fröhliche Weihnachten« und lacht.

Joscha guckt den Weihnachtsmann von oben bis unten an, wirft dann einen Blick auf die Straße. Der gelbe Bulli steht dort. Das ganz normale Postauto! Joscha lächelt. »Sind heute alle von der Post so verkleidet?«

»Nicht alle«, antwortet der Weihnachtsmann, »nur ein paar.«

»Kalt ist es heute«, sagt er noch. »Es riecht nach Schnee!« Dann dreht er sich um und geht zu seinem Auto.

»Fröhliche Weihnachten!«, ruft Joscha ihm nach und trägt das Paket zu Mama und Papa. Die beiden stehen in der Küchentür.

»Habt ihr ihn gesehen?«, fragt Joscha und kichert.

»Unglaublich!«, sagt Papa und schüttelt lachend den Kopf. »Sogar die Post arbeitet mit den Weihnachtsmännern zusammen!«

»Eine tolle Idee!«, sagt Mama und kichert wie Joscha. Das Paket lässt sie blitzschnell verschwinden. »Bis übermorgen«, sagt sie und will nicht verraten, wer es geschickt hat.

»Ist gut«, sagt Joscha. Im Moment ist etwas anderes wichtig. »Es riecht nach Schnee«, murmelt er nachdenklich. Schnell geht er noch einmal zur Haustür, steckt seine Nase nach draußen und schnuppert. Ja, es riecht wirklich so – so anders . . . Kälter als gestern ist es auch und dicke, helle Wolken hängen am Himmel!

Joscha holt seinen Teddy und setzt sich an das große Fenster im Wohnzimmer.

»Willst du nichts spielen?«, fragt Papa.

»Nein«, sagt Joscha. »Ich will warten. Auf Schnee und Weihnachten. Ich hab ganz viel Geduld.«

Eine Stunde später fallen die ersten Flocken. Ganz leise fallen sie aus den Wolken und schweben und fallen und fallen . . . Wie wunderbare, zarte Sterne! Keine Flocke gleicht der anderen.

Joscha und Teddy gehen nach draußen und staunen.

2. Kapitel

Lieber Weihnachtsmann, ich wünsche mir ...

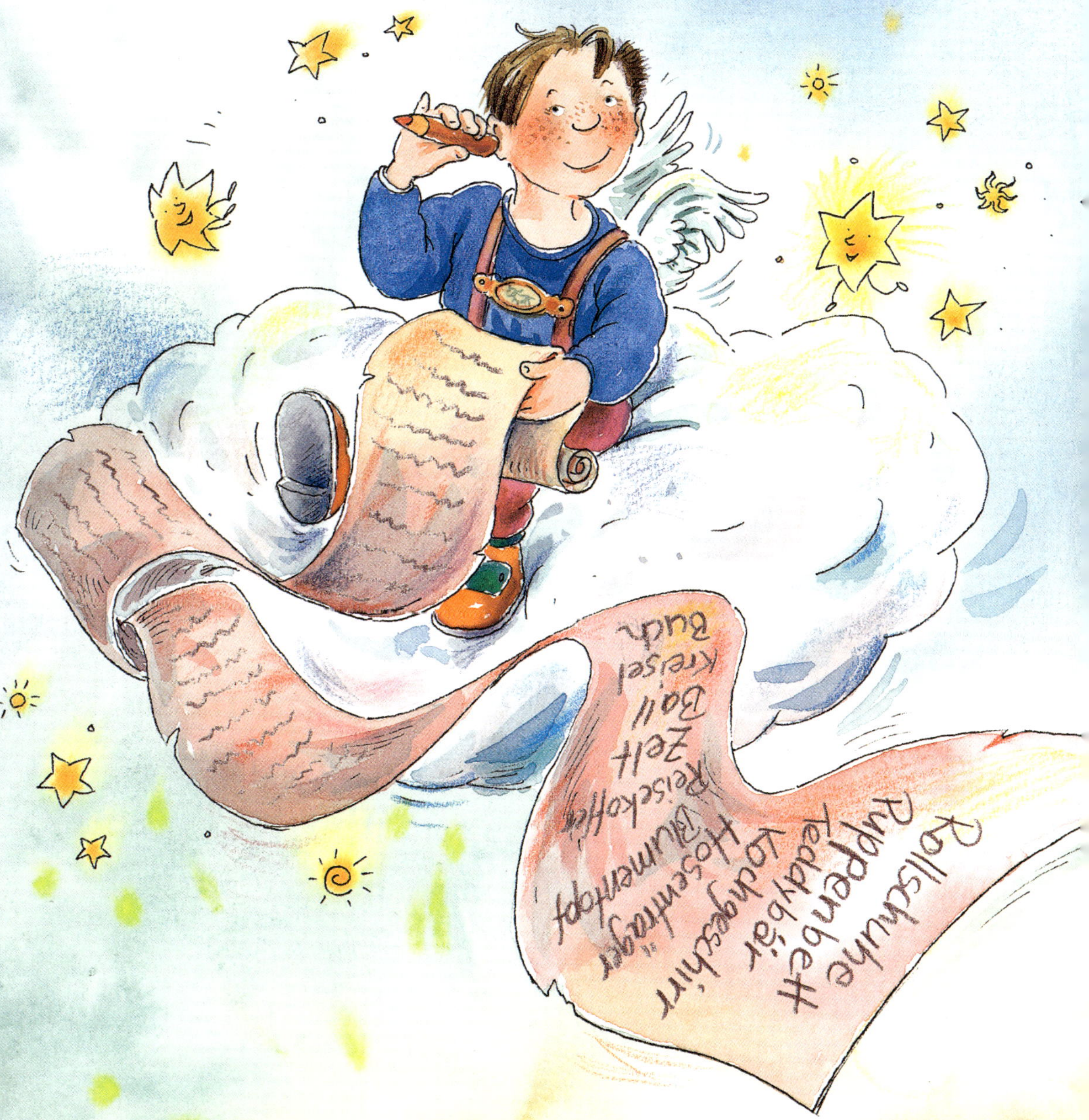

Gladys Williams

Was in der Nacht bei Semolina Seidenpfote geschah

Da sie so eine tapfere Mutter hatten, waren die Katzenkinder überhaupt nicht ängstlich, als sie mitten in der Nacht von verdächtigen Geräuschen aufgeweckt wurden.

»Liebste Mama, wach auf«, baten sie leise. »Uns kommt es so vor, als ob unten ein Räuberkater ist, der unser ganzes Geld stiehlt.«

»Ihr seid brave Kinder, dass ihr kommt und mich holt«, sagte Frau Seidenpfote. »Ich werde ihm gleich einmal zeigen, wer hier Herr oder vielmehr Frau im Hause ist. Nehmt die Kerze und folgt mir!«

Leise tappte Frau Semolina hinunter in die Küche, wo sie ihren größten Stieltopf ergriff. Der Räuber hörte, weil er mit dem Stehlen viel zu beschäftigt war, keinen Ton. »Hab ich dich!«, schrie Frau Seidenpfote und schlug ihm den Stieltopf über den Kopf.

Natürlich schickte der Polizeichef der Stadt sofort einen besonders kräftigen Polizisten, um den Räuberkater abzuführen. Der Stieltopf saß ihm immer noch fest auf dem Kopf und der Polizist erklärte mit einer Stimme, die keinen Widerspruch duldete: »Der Topf bleibt als Beweisstück da oben!«

Am nächsten Morgen hatte Frau Semolina schon wieder Schlagzeilen im Katzenhamer Kurier:

> *Aufregende Nacht am Mittelweg*
> *Mutter von vier Kindern*
> *überwältigt Räuber mit Stieltopf*
> *Verhaftung um Mitternacht*

»Seht euch das an«, sagten die Nachbarkatzen flüsternd zueinander. »Sie

steht schon wieder auf der ersten Seite der Zeitung. Wir müssen uns glücklich schätzen eine so bedeutende Katze in unserer Straße zu haben.«

Bald, erstaunlich bald, kam wieder die Zeit, in der man den Weihnachtspudding machen muss. »Dies muss der beste Pudding werden, den ich je gemacht habe«, sagte Frau Semolina zu den Kindern. Dabei gab sie Rosinen und Korinthen, eine Menge Zucker und zwei Teelöffel voll Gewürze in den Teig. »Der liebe Oberst wünscht sich etwas ganz Besonderes, ebenso der Admiral. Ihr Kinder dürft euch jetzt der Reihe nach auch etwas wünschen. Wenn ihr es ganz fest wünscht, wird der Weihnachtsmann es euch vielleicht bringen. Auch Mama wünscht sich etwas.«

Während Frau Semolina noch sprach, ging Jappy zum Küchenschrank, um den größten Stieltopf herauszuholen. Plötzlich stieß er einen schrillen Schrei aus.

»Mama«, rief er, »der Stieltopf ist weg, ich kann ihn nirgends finden. Jetzt können wir keinen Weihnachtspudding machen.«

Frau Semolinas Herz setzte für einen kurzen Augenblick aus. Aber gleich besann sie sich wieder.

»Meine Lieben«, rief sie, »der Räuberkater steckt noch in der Pfanne. Er hat sie nicht zurückgeschickt. Wie ungezogen von ihm, Tappy, ruf sofort den Polizeichef an!«

Der Polizeichef war sehr aufgeregt, als er erfuhr, dass Frau Semolina keinen Weihnachtspudding machen konnte.

»Der Räuberkater soll den Topf augenblicklich zurückgeben«, befahl er seinem Unterwachtmeister. Aber leider hatte der Polizeichef vergessen, welche Wirkung eine gute Gefängniskost haben kann.

Der Räuberkater war im Gefängnis so dick geworden, dass auch die drei stärksten Wärter des Katzenhamer Gefängnisses den Topf nicht um einen einzigen Zentimeter auf dem Räuberkaterkopf verrücken konnten. Schließlich knurrte der Räuberkater, wenn die Dame darauf bestünde, ihren Topf zurückzubekommen, dann bleibe ihm nichts anderes übrig, als ihr den Topf mitsamt dem Inhalt zurückzubringen.

»Eine höchst unpassende Bemerkung!«, sagte der Polizeichef, als man ihm über diese Frechheit Meldung erstattete.

Er setzte sich hin, um das Problem zu durchdenken. Glücklicherweise war er ein Kater mit wachem Verstand. Er rief seine Frau an und erzählte ihr, was geschehen war. Keine anderthalb Stunden nach Tappys Anruf hielt eine weihnachtlich geschmückte Grüne Minna vor Frau Semolinas Tür und heraus sprang ein junger Polizeileutnantskater. Er begrüßte Frau Semolina höflich und reichte ihr etwas hell Glänzendes.

»Mit den wärmsten Empfehlungen der Katzenhamer Polizeidienststelle, Madame«, sagte er, »überreiche ich Ihnen einen Schnell-Kochtopf. Kocht den Pudding zehnmal schneller als gewöhnlich, bewahrt das Aroma und senkt die Gasrechnung erheblich.«

»Wie herrlich!«, rief Frau Semolina.

»Das ist genau das, was ich mir vom Weihnachtsmann wünschte, als ich den Pudding herrichtete. Jetzt werde ich sicher den besten Weihnachtspudding in ganzen Katzenham bekommen. Sagen Sie Ihrem lieben Polizeichef, ich wäre überzeugt, dass der Weihnachtsmann meinen Wunsch gekannt hat.«

»Dann kennt er vielleicht auch unsere Wünsche«, flüsterten die Katzenkinder.

Und in ihren Augen glänzte es hoffnungsvoll.

Ursel Scheffler

Das besondere Weihnachtspaket

Die alte Frau Pawlak kriegt nie Post. Wenigstens zu Weihnachten bekäme sie gern einen Brief oder ein Paket. Aber wer sollte ihr schon schreiben? Ihr Mann ist schon im letzten Krieg gefallen. Kinder hat sie nicht. Alle ihre Freundinnen sind längst gestorben. Und von ihren Verwandten hat sie seit Jahren nichts gehört. Dann hat sie eine Idee.

Sie schreibt drei Briefe und fünf Postkarten. Dann packt sie ein großes Paket,

in das sie alle ihre Lieblingssachen hineinlegt: ihren Lieblingspulli, ihr Lieblingsbuch, ihre Lieblingspralinen, ihren Lieblingsschal und ihre Lieblings-CD. Alles wird hübsch verpackt. Dann bringt sie das Ganze zur Post.

Auf dem Heimweg kauft sie noch ein Päckchen Lebkuchen und einen Schokoladen-Nikolaus. Den Nikolaus soll der Briefträger bekommen, wenn er die Post bringt. Das Päckchen Lebkuchen bekommt der Paketbote. Sie lächelt zufrieden über ihren Einfall, als sie nach Hause geht.

»Na so was!«, denkt der Postbote, als er die Briefe für Frau Pawlak aussortiert.

»Absender und Anschrift sind gleich!« Aber dann denkt er nicht weiter darüber nach. Er hat vor Weihnachten so viel zu tun, da zerbricht man sich nicht unnötig den Kopf. Aber über das kleine Geschenk von Frau Pawlak freut er sich sehr.

»Vielen Dank!«, sagt er. »Es freut einem immer, wenn jemand an einen denkt!«

»Da haben Sie Recht!«, sagt Frau Pawlak. »Und vielen Dank für die Post!«

Am 24. Dezember kommt der Paketbote.

»Gerade noch rechtzeitig!«, sagt sie, als sie die Quittung unterschreibt.

»Ich wäre sehr enttäuscht gewesen!«

»Ein großes Paket! Sicher sind Sie gespannt, was drin ist?«, fragt der Paketbote.

»Natürlich. Aber ich mach es nicht vor heute Abend auf.«

Sie gibt ihm die Lebkuchen. Der Paketbote bedankt sich und sagt:

»Ich hoffe, dass ich bald wieder ein Paket für Sie habe, Frau Pawlak!«

»Bestimmt im Februar«, sagt Frau Pawlak und lächelt.

»Da hab ich nämlich Geburtstag.«

Lene Meyer-Skumanz

Weihnachtsgeschenke

»Es ist jeden Advent dasselbe«, sagt Susi zu Fritz. »Ich zeichne für meine Eltern und für alle Onkeln und Tanten und für die beiden Omamas Weihnachtsbilder. Die Krippe mit dem Jesuskind. Die Hirten mit den Schafen. Den Engeln mit Flügeln über das ganze Zeichenblatt und mit einer Sprechblase vor dem Mund: ›Freut euch! Ich freu mich auch!‹ – Jedes Jahr dasselbe. Wenigstens meinen Eltern möchte ich einmal was anderes schenken!«

»Du zeichnest wirklich schön«, sagt Fritz neidvoll. »Aber natürlich könntest du ihnen zur Abwechslung etwas häkeln. Topflappen oder so.«

»Du ahnst nicht, wie ich häkle«, sagt Susi traurig. »Ich bin ein Häkelantitalent. Ich müsste dazuschreiben: Dieses Werkstück ist ein Topflappen.«

»Aha«. sagt Fritz. »Dann mach ihnen Nusskugeln.«

»Das wär eine Idee«, sagt Susi. »Nusskugeln. Ich hab noch nie welche gemacht. Wie macht man die?«

»Total einfach«, sagt Fritz. »Zehn Deka Staubzucker, zehn Deka geriebene Haselnüsse, ein Esslöffel Rum, ein kleiner Eidotter. Alles zusammen in einer Schüssel fest abkneten, kleine Kugeln formen, in Schokoladenguss tauchen, trocknen lassen, gut verstecken. Fertig!«

»Ich bin überrascht, aber wirklich«, sagt Susi. »Du kannst das Rezept auswendig!«

»Ich mach auch seit mindestens hundert Jahren für die ganze Verwandtschaft Nusskugeln als Weihnachtsgeschenk«, sagt Fritz.

»Ich würde meinen Eltern auch gern einmal etwas anderes schenken . . .« Susi schaut Fritz an. »Du, mir fällt da was ein!«

Fritz starrt Susi an. »Mir ist auch grad was eingefallen!«

»Würden deine Eltern Hirten mit Schafen mögen?«, fragt Susi.

»Bestimmt«, sagt Fritz. »Würden deine Eltern Nusskugeln mögen?«

»Und ob«, sagt Susi. »Auch ich mag Nusskugeln.«

Sie beschließen, dass Susi ein Hirten-Schafe-Bild mehr zeichnen wird. Fritz wird dafür eine Portion Nusskugeln mehr erzeugen.

»Abgemacht?«

»Abgemacht!«

Am vierten
Advents-
sonntag geht
Susi zu Fritz.
Sie bringt
ihm das
Weihnachtsbild.
Es ist sehr
schön geworden.
Ein goldgeflügel-
ter Engel bringt

 den Hirten die Botschaft von der Geburt des Jesuskindes. Die Hirten lachen, sie freuen sich. Auch manche Schafe lachen.

»Echt toll«, sagt Fritz. »Nur die Schafe kommen mir ein bisschen nackig vor.«

»Sie sind nackig«, sagt Susi. »Ich hab sie extra so gelassen, dass du auch was zeichnen kannst. Zeichne ihnen die Locken in das Fell, schau so . . .« Sie zeichnet ein paar Kringel auf einen Notizblock.

»Das könnte ich zusammenbringen«, sagt Fritz. »Danke, dass du die Schafe nackig gelassen hast . . .«

Er führt Susi in die Küche. »Ich bin gerade bei deiner Portion Nusskugeln. Ich muss sie nur noch tunken.«

»Kann ich auch etwas bei den Nusskugeln tun?«, fragt Susi.

Fritz zeigt ihr, wie man die Kugeln in die noch warme Schokoladensoße tunkt, ganz vorsichtig, mit zwei Zahnstochern, und wie man sie dann auf

das Brett setzt, damit sie trocknen können. Susi plagt sich mit einer Kugel, während Fritz drei Kugeln tunkt.

»Ich weiß was anderes«, brummt Fritz. »Das ist ein bunter Zuckerstreusel, den streu auf die Kugeln, so hast du auch was dran getan.«

»Streusel streuen ist für mich so leicht wie für dich Locken in das Schaffell zeichnen«, sagt Susi vergnügt.

Am Weihnachtsabend ist Susi sehr aufgeregt. Werden sich die Eltern über die Nusskugeln freuen?

»Nicht möglich, Nusskugeln von der Susi«, sagt der Vater.

»Keine Zeichnung?«, fragt die Mutter überrascht. Aber Susi hat sowieso auch eine Zeichnung gemacht, das Jesuskind in der Krippe, auf jeden Fall.

»Köstlich«, sagt der Vater. »Wieso denn auf einmal Nusskugeln?«

»Ich hab sie mir hart erarbeitet«, sagt Susi. »Wie findest du den bunten Streusel drauf?«

Auch Fritz ist an diesem Heiligen Abend sehr aufgeregt. Was werden seine Eltern zu dem Hirtenbild sagen? Vorsichts- und sicherheitshalber hat er noch eine extragroße Portion Nusskugeln vorbereitet.

»Eine Zeichnung!«, sagt die Mutter ganz erstaunt.

»Von unserem Fritz!«

»Keine Kugeln?«, fragt der Vater. »Ja, wieso bist du denn auf einmal unter die Zeichner gegangen? So ein schönes Bild!«

»Ich bin nicht direkt unter die Zeichner gegangen«, brummt Fritz. »Aber diese Zeichnung habe ich mir ehrlich erarbeitet . . .«

Die Mutter betrachtet die Zeichnung lang und aufmerksam. Sie lächelt und sagt: »Weißt du, was mir besonders gefällt?

Die süßen Kringellocken

im Fell der Schafe . . .«

Eva Rechlin

Jaki sucht das Wichtigste

Der pfiffige Jaki hatte eine sehr liebe Großmutter. Jaki hing an ihren flatternden Röcken und stellte Fragen über alles, was er wissen wollte. Und er wollte unglaublich viel wissen.

Als die Weihnachtszeit herankam und alle Leute schon eifrig in den Festvorbereitungen steckten, da fragte Jaki die Großmutter nach dem Christkind. Ob sich das Jesuskind auch etwas zu seinem Geburtstag wünscht und was das wohl sein könnte?

Die Großmutter, die gerade Pfeffernüsse buk, sagte: »Das ist eine sehr kluge Frage, Jaki. Versuche, ob du die Antwort selber herausbringst. Ich sage dir dann, ob es das Richtige ist.«

Jaki fing gleich zu suchen an. Vor dem Küchenfenster in der Kälte hing eine gerupfte Gans. Daran hatte das Jesuskind gewiss keine besondere Freude. Gänse waren nur hübsch, solange sie ganz klein und flaumig gelb waren. Jaki stülpte sich die Wollmütze über die Ohren und zog Mantel und Handschuhe an, um sich ein wenig in den Straßen umzusehen.

Das nächste Schaufenster gehörte zu einer Konditorei. Die herrlichsten Dinge lagen darin: weißbärtige Nikoläuse mit kleinen Tannenbäumen, Engel mit Goldröcken und silbernen Locken. Am lustigsten aber waren die Zwetschgenmänner mit Bäuchen aus Feigen, Köpfen, Armen und Beinen aus getrockneten Zwetschgen und Händen und Füßen aus Erdnüssen.

Doch die Großmutter zu Hause meinte: »Möglich, dass das Jesuskind Spaß an den Zwetschgenmännern hätte. Aber das Wichtigste sind sie ihm nicht.« Jaki machte sich noch einmal auf den Weg. Diesmal geriet er auf den Christkindlmarkt.

Dort standen Tannenbäume in allen Größen zum Verkauf, Christbäume! Jaki machte kehrt, um der Großmutter davon zu erzählen.

»Ein Christbaum, Großmutter, ein schöner grüner Tannenbaum mit Lichtern muss dem Jesuskind doch das Liebste sein!«, flehte Jaki.

»Gewiss ist ein Christbaum etwas sehr Schönes«, erwiderte die Großmutter. »Aber das Liebste ist er dem Jesuskind sicher nicht.«

In der Nacht wurde Jaki wach. Er wollte unbedingt die Antwort auf seine Frage finden. Was war ihm selber das Wichtigste? Ganz einfach: das, was er sich am meisten wünschte. Ein kleines rotes Fahrrad also und eine Eisenbahn. Hastig sprang Jaki aus dem Bett und lief zur Großmutter hinüber: »Großmutter! Großmutter!«, wisperte er.

Erschrocken richtete sie sich auf: »Jaki! Ist etwas passiert?«

»Nein«, sagte Jaki, »nur, ich hab's! Ich weiß das Geschenk fürs Jesuskind. Eine Eisenbahn und ein kleines rotes Fahrrad.«

Oh Jaki, Jaki«, rief die Großmutter. »Kannst du dir nicht vorstellen, dass das Jesuskind andere Wünsche hat als du? Wünsche an unser Herz?«

Betrübt kehrte Jaki in sein Bett zurück. Doch ehe er weiter nachdenken konnte, war er eingeschlafen.

Dafür überlegte er den ganzen nächsten Tag, aber ohne jeden Erfolg. Und das bedrückte ihn.

Aber sein Kummer war verflogen, als sich am Heiligen Abend die Tür zum Weihnachtszimmer öffnete und Jaki sah, wovon er seit vielen Nächten geträumt hatte: den Lichterbaum mit den gelben Wachskerzen, mit bunten Kugeln und Silberfäden! Darunter lagen Pfeffernüsse, Lebkuchen und Zimtsterne, bewacht von einem Nikolaus, einem Rauschgoldengel und einem Zwetschgenmann. Vor dieser Pracht aber stand ein kleines rotes Fahrrad und auf schimmernden Geleisen schnurrte die ersehnte Eisenbahn. Und Bilderbücher gab es einen ganzen Stoß. Jetzt dachte Jaki nicht mehr an das, was ihn die letzten Tage so sehr beschäftigt hatte.

Auf einmal packte die Großmutter von dem Weihnachtsgebäck etwas in eine Tüte und sagte: »Draußen steht der Kleine von unserer Nachbarin. Der

arme Kerl – der Vater lebt nicht mehr und die Mutter ist krank. Nicht einmal einen Christbaum haben sie.«

Schon war die Großmutter draußen. Da überkam Jaki ein merkwürdiges Gefühl, fast als hätte er etwas angestellt.

Mit einem Satz war er an der Tür und lief in den Flur. An der Haustür standen die Großmutter und eine kleine kümmerliche Gestalt. Jaki lief hin: »Bist du der Bub von nebenan? Komm«, rief er, »ich will dir etwas zeigen!«

Er zerrte den Buben ins Weihnachtszimmer, ließ ihn auf dem Fahrrad sitzen, Lokomotivführer auf der Eisenbahn spielen und er teilte seine Süßigkeiten mit ihm.

Nach und nach wurde der Bub genauso übermütig wie Jaki. Zum Schluss bekam er von Jaki ein Bilderbuch geschenkt, den Schokoladen-Nikolaus und den Rauschgoldengel.

»Komm morgen wieder!«, rief Jaki ihm nach, als der Bub strahlend in der Winternacht verschwand.

Dann drehte Jaki sich um und schaute gerade der Großmutter ins lächelnde Gesicht.

»So, Jaki«, sagte sie zu ihm, »jetzt hast du es also doch entdeckt!«

»Was denn?«, fragte Jaki unsicher.

»Nun, das Wichtigste«, erwiderte die Großmutter, »das, was das Jesuskind von uns am liebsten hat.«

Ingrid Uebe

Das Lied der Krähen

Hoch oben im Norden lebte einmal ein kleiner Pinguin. Der sagte jedes Mal, wenn der Winter begann: »Diesmal will ich den Weihnachtsmann sehen. Das ist mein größter Wunsch.«

Natürlich hatte der kleine Pinguin auch noch andere Wünsche. Natürlich freute er sich, wenn sie in Erfüllung gingen. Der Weihnachtsmann war noch nie geizig gewesen. Einmal hatte er ihm eine große Schüssel voll silberner Heringe gebracht, einmal einen bunten Ball und einmal sogar ein Ruderboot. Aber sich selbst hatte er eben noch nie sehen lassen. Er war immer bei Nacht gekommen, hatte immer gewartet, bis der kleine Pinguin schlief, und war am Morgen längst über alle Berge gewesen.

Der kleine Pinguin ging umher und fragte die alten Leute: »Habt ihr den Weihnachtsmann schon einmal gesehen?«

»Schon oft«, sagten die alten Leute. »Wir brauchen ja nicht mehr viel Schlaf.«

»Wie sieht der Weihnachtsmann aus?«, fragte der kleine Pinguin.

»Wunderschön«, sagten die alten Leute, »freundlich und gut.«

»Kommt er zu Fuß?«, fragte der kleine Pinguin.

»Nein, mit dem Schlitten«, sagten die alten Leute, »mit sechs Rentieren davor.«

»Hört man ihn denn?«, fragte der kleine Pinguin. »Woran merkt man überhaupt, wenn er kommt?«

»Zuerst hört man ein Läuten«, sagten die alten Leute. »Das sind die Glocken der Rentiere. Dann hört man ein Lied. Das sind die Krähen, die den Weihnachtsmann auf seiner Reise begleiten.«

»Aber Krähen können nicht singen«, sagte der kleine Pinguin. »Sie haben abscheuliche Stimmen.«

»In dieser Nacht können sie singen«, sagten die alten Leute. »Ihre Stimmen sind klar und süß.« Der kleine Pinguin ging nach Hause. Er dachte: Dieses Jahr werde ich den Weihnachtsmann sehen! Ich darf nur nicht einschlafen. Ich muss nur die Ohren spitzen.

Als es Zeit wurde, schrieb er seinen Wunsch wie jedes Jahr in den Schnee. Diesmal wünschte er sich einen roten Schal. Nachts deckte neuer Schnee die Buchstaben zu. Da wusste er, dass sein Wunsch in Erfüllung gehen würde.

Am Weihnachtsabend blieb der kleine Pinguin wach. Er wartete, bis seine Eltern zu Bett gegangen waren. Dann stand er leise auf und schlich aus dem Haus.

Draußen würde er das Läuten der Rentierglocken und das Lied der Krähen besser hören können als drinnen.

Es war eine frostklare Nacht. Der Mond sah aus wie gefrorene Milch und die Sterne standen wie Eiskristalle um ihn herum. Der kleine Pinguin wanderte hinaus zu den Felsen und kletterte hinauf. Er reckte den Hals, spitzte die Ohren und hielt die Augen weit offen. Aber er vernahm nichts als die Stille der Nacht. Er erblickte nichts als das Leuchten des Schnees.

Mit der Zeit wurde ihm kalt. Zwar war er an Kälte

gewöhnt, doch eine wie diese hatte er noch niemals erlebt. Sie kroch aus den Felsen in seinen Körper, machte seine Glieder schwer und seine Augen müde. Er wusste, dass er nicht einschlafen durfte. Sonst würde er erfrieren und nie wieder aufwachen. Ich will den Weihnachtsmann sehen, dachte er. Ich will nicht aufgeben! So kämpfte er lange Zeit gegen Kälte und Müdigkeit an. Endlich fühlte er seine Kräfte erlahmen. Er senkte den Kopf und ergab sich dem Schlaf. Doch just in dem Augenblick, als ihm die Lider zufielen, erblickte er in der Ferne ein seltsames Licht. Ein schmaler Streif, bunt wie ein Regenbogen, färbte den Saum der Welt. Da wusste der kleine Pinguin: Der Weihnachtsmann hatte die Erde betreten. Schon vernahm er das Läuten der Rentierglocken und das Lied der Krähen. Etwas Schöneres hatte er niemals gehört. Sein Herz hüpfte vor Freude. Dann fielen ihm die Augen zu. Am nächsten Morgen erwachte der kleine Pinguin frisch und gesund in seinem eigenen Bett. Er konnte nicht verstehen, wie er da hingekommen war. Er richtete sich auf und blickte sich staunend um. Neben seinem Bett lag der rote Schal, den er sich zu Weihnachten gewünscht hatte. Seine Eltern kamen herein und freuten sich, dass es ihm gut ging. Seine Mutter sagte: »Wie konntest du nur hinauslaufen in die eisige Nacht? Hätte dich der Weihnachtsmann nicht gefunden und bei uns abgeliefert, so wärst du gewiss erfroren.«

Da sprang der kleine Pinguin aus dem Bett und griff nach dem roten Schal. Der Schal war wollig und weich und stand ihm sehr gut.

Ich habe den Weihnachtsmann zwar nicht gesehen, dachte der kleine Pinguin. Aber er hat mich mit seinem Schlitten nach Hause gebracht.

Hauke Kock

Die Insel der Schokoweihnachtsmänner

Hanna und Timmi lassen sich vor dem Einschlafen gerne Geschichten vorlesen. Heute Abend erzählt ihnen die Mutter von den Osterinseln. In der Nacht träumen Hanna und Timmi beide von einer Insel, auf der steinerne Statuen in Form von Osterhasen stehen. Am nächsten Morgen rennen die Kinder zum Hafen hinunter. Sie wollen vom alten Käpt'n Knott mehr über die geheimnisvollen Inseln erfahren.

»Ho-ho«, dröhnt der alte Seebär. »Die Osterhaseninseln! Ihr meint wohl die Osterinseln! Die liegen im Stillen Ozean, viele tausend Seemeilen von hier entfernt.«

Als Käpt'n Knott die Enttäuschung von Hanna und Timmi sieht, zwinkert er ihnen zu: »Es ist ein großes Geheimnis. Aber habt ihr schon mal von der sagenhaften Insel der Schokoweihnachtsmänner gehört?«

Und so erzählt Käpt'n Knott die Geschichte von jener Insel, auf der sich alle nicht gegessenen Schokoweihnachtsmänner verstecken.

Die Kinder hören gebannt zu und dabei fällt ihnen auf, dass sie sich nie gefragt haben, was mit den ganzen Schokoweihnachtsmännern passiert, wenn Weihnachten vorbei ist. In den Geschäften findet man jedenfalls keine mehr. Und so fahren Hanna und Timmi mit Käpt'n Knott und seinem Schiff übers Meer, um die geheimnisvolle Insel der Schokoweihnachtsmänner zu suchen. Nach viel Wellengeschaukel und Windgepfeife entdecken sie eine Insel, auf der ein großer Tannenbaum steht.

»Das muss sie sein!«, ruft Hanna.

Die beiden schleichen heimlich an Land. Staunend bleiben Hanna und

Timmi stehen, als sie die vielen, vielen Schokoweihnachtsmänner sehen, die fröhlich um den Tannenbaum tanzen.

»Oh, bitte, bitte, esst uns nicht auf!«, rufen die Schokoweihnachtsmänner, als sie Hanna und Timmi entdecken.

»Keine Angst, uns ist noch ganz schlecht von der Schaukelei auf dem Schiff«, versichern die Kinder.

Es gibt viel zu erzählen. Und Hanna und Timmi versprechen, dass sie das Geheimnis von der Insel der Schokoweihnachtsmänner nicht verraten werden. Zum Abschied bekommen die Kinder zwei riesige Säcke geschenkt, die bis oben hin mit Schokotalern gefüllt sind.

Als sie wieder zu Hause ankommen, wissen Hanna und Timmi genau, was sie sich auf jeden Fall nicht zu Weihnachten wünschen werden.

Und als sie sich von Käpt'n Knott verabschiedet haben, flüstert Hanna Timmi zu: »Ich wette, es gibt doch eine Schokoosterhaseninsel!«

Sigrid Heuck

Der König von Opalistan

Der Himmel war blau und der kleine Engel fröhlich.

Der König von Rubinistan hatte ihm die Trillerpfeife geschenkt und so trillerte er vor sich hin. So laut trillerte er, dass sich Noahs Taube manchmal mit den Flügeln die Ohren zuhielt. Sie hatte ein empfindliches Gehör. Der Esel trabte mit gespitzten Ohren. Es war warm und ringsum blühten die schönsten Kakteen.

Sie näherten sich dem Land des Königs von Opalistan.

Der König von Opalistan war schwarz und unermesslich reich. In jedem Weihnachtsplätzchen, das auf der Welt gebacken wurde, befanden sich seine Gewürze: Zimt und Anis, Ingwer, Muskatnuss, Nelken und Vanille. Fast alle wuchsen auf seinen Feldern und die, die nicht dort wuchsen, kaufte er und verkaufte sie wieder. Eigentlich war er nur im Nebenberuf König. Im Hauptberuf war er ein berühmter Gewürzhändler.

Seine Karawanen brachten die Gewürzsäcke in alle Häfen und von dort beförderten seine Schiffe sie weiter.

Sein Palast war der prächtigste von allen. Er war aus mit Silberstaub durchsetzter Erde gebaut, Opale und Diamanten umrahmten die Fenster. Der kleine Engel musste zwinkern, so blendete ihn alles.

Obwohl der König von Opalistan sehr beschäftigt war, nahm er Hatschi, den Esel und Noahs Taube freundlich auf.

»Ich reite gerade auf die Jagd«, sagte er. »Begleitet ihr mich?«

Und weil der Engel von der Jagd nichts verstand, war er gleich einverstanden.

Der König bestieg ein prächtig aufgezäumtes Kamel. Seine Waffenträger ritten Pferde.

Sie ritten hinaus und der kleine Engel auf seinem Esel hielt sich dicht an der Seite des Königs. Noahs Taube hockte auf seiner Schulter.

Sie erreichten eine Wasserstelle, an der gerade ein wilder Elefant seinen Durst löschte.

»Gib mir einen Speer!«, befahl der König einem seiner Begleiter. Er packte die Waffe und holte aus, um sie gegen den Elefanten zu schleudern.

»Was hast du vor?«, schrie der kleine Engel erschrocken.

Noahs Taube flatterte auf und versteckte sich hinter dem nächsten Busch.

»Ich will ihn töten«, erklärte der König.

»Und warum?«

»Er hat so schöne Zähne.«

»Wozu brauchst du seine Zähne?«

»Meine Hofbildhauer schnitzen daraus die schönsten Bilder.«

»Und für was brauchst du schöne Bilder?«

»Um sie dem Christkind zu bringen. Es hat demnächst Geburtstag. Da will ich es besuchen«, sagte der König. Er hatte ein so gutes Gedächtnis, dass er den Geburtstag des Christkinds immer im Kopf behielt.

»Meinst du, das Christkind freut sich über Bilder aus Zähnen?«

»Warum nicht?«

»Weil es selbst Zähne hat. Über Zähne von toten Tieren freut es sich bestimmt nicht. Du hast sicher noch andere Geschenke, die du ihm mitbringen kannst.«

»Natürlich«, antwortete der König. »Edelsteine und kostbare Stoffe.«

»Ich bin sicher, dass das als Mitbringsel genügt«, sagte der kleine Engel, und Noahs Taube flog gurrend auf ihren Platz auf seiner Schulter zurück, weil sie der gleichen Meinung war.

Da ließ der König von Opalistan den Elefanten laufen. Zum Dank dafür brachte ihm Hatschi alle Weihnachtslieder bei, die ihm gerade einfielen: »Vom Himmel hoch, da komm ich her«, »Ihr Kinderlein, kommet« und »Süßer die Glocken nie klingen«.

Und als der König die Melodien auswendig konnte, sang der kleine Engel die zweite Stimme dazu.

So ritten sie über das Land und sangen: »Leise rieselt der Schnee«, bis es für Hatschi Zeit wurde, sich zu verabschieden. Er lenkte den Esel nach rechts, während der König von Opalistan mit seinem Gefolge geradeaus weiterritt.

»Auf Wiedersehen in einer Woche!«, rief der kleine Engel ihm zu.

»Bis in einer Woche!«, rief der König zurück. »Ich freue mich schon sehr.«

3. Kapitel

Der Weihnachtsmann hat viel zu tun...

Eveline Schöniger

Die Geschichte von Rudolf Rotnase

Hoch oben im Norden, wo es sehr lange sehr kalt ist, leben Tiere, die unseren Hirschen ähnlich sind: die Rentiere. Sie haben ein dichtes und warmes Winterfell. Deshalb sind sie auch die am besten ausgerüsteten Tiere, um den Schlitten des Weihnachtsmannes zu ziehen. Es ist eine große Ehre, dem Weihnachtsmann zu helfen, und jedes Rentier wünscht sich, dass es einmal für diese Aufgabe ausgesucht wird. Von so einem Rentier erzählt unsere Geschichte.

Es war einmal eine Rentierfamilie, die hatte fünf Kinder, drei Brüder und zwei Schwestern. Das jüngste Rentier hieß Rudolf und war ganz besonders lieb und freundlich, aber auch sehr neugierig.

Überall steckte Rudolf seine kleine Nase hinein. Manchmal wurde daraus ein großer Spaß, manchmal aber auch nicht. – Tja, und diese kleine Nase hatte es wirklich in sich. Denn immer, wenn Rudolf sehr aufgeregt war, begann sie knallrot zu leuchten, fast wie eine rote Glüh-

birne. Das geschah, ob Rudi fröhlichaufgeregt oder zornigaufgeregt war –
sie leuchtete!

Rudolfs Eltern und Geschwister fanden es lustig, wenn seine Nase glühte.
Aber schon im Rentierkindergarten wurde Rudolfs Besonderheit oft zum
Gespött der Kinder. Sie riefen ihm hinterher: »Der Rudolf mit der roten Nase, das ist der Rudolf Rotnase!« Doch erst in der Rentierschule! Rudolf ver-
suchte mit allen Mitteln seine Nase zu verstecken, aber es gelang ihm nur
für kurze Zeit.

Einmal malte er sie mit schwarzer Farbe an – so wie Rentiernasen gewöhnlich aussehen. Als er in der großen Pause auf dem Schulhof mit den anderen
Rentieren »Verstecken« spielte, freute er sich sehr, dass er nicht entdeckt
worden war. Doch sofort begann seine Nase unter der schwarzen Farbe so
zu glühen, dass sogar die Farbe abblättert, und seine Nase wieder von einer
Glühbirne nicht zu unterscheiden war.

Ein anderes Mal stülpte er sich ein schwarzes Gummikäppchen über seine
Nase. Aber seine Freude über eine schwarze Nase war nur sehr kurz. Zum
einen konnte er nur durch den Mund atmen, was auf Dauer gesehen nicht
sehr angenehm ist, zum anderen sprach er, als hätte er eine Wäscheklam-
mer auf der Nase. Beim ersten »Hallo, Rudolf!« auf dem Schulweg antwortete er: »Hanno, guden Borgen!«, und wurde prompt ausgelacht. Da lief er
nach Hause und weinte und war sehr zornig und traurig zugleich. Seine Eltern und Geschwister trösteten ihn.

Kurze Zeit später war es wieder einmal so weit: Der Weihnachtsmann wollte die Schlittenrentiere für Weihnachten aussuchen. Alle Rentiere bürste-
ten ihr Fell und putzten ihr Geweih. Auch in Rudolfs Elternhaus machten
sich die jungen Rentiere schön. Sie striegelten ihr Fell, bis es glänzte wie
Kupfer, und polierten sich die Geweihe blank wie Spiegel. Auch Rudolf
putzte sich heraus und hoffte sehr, dass der Weihnachtsmann ihn auswäh-
len würde, denn er war nicht nur hübsch, sondern auch groß und kräftig.
Um zwei Uhr fanden sich alle Rentiere, die im richtigen Alter waren, auf
dem Marktplatz ein, wo der Weihnachtsmann sie schon erwartete. Es wa-

ren sehr viele Bewerber gekommen. Und je länger Rudolf warten musste, um so aufgeregter wurde er. Als die Reihe endlich bei ihm angelangt war, glühte seine Nase vor Aufregung fast so hell wie die Sonne. Der Weihnachtsmann trat zu ihm hin, lächelte ihm freundlich zu und – schüttelte den Kopf. »Nein«, sagte er, »leider kann ich jemanden wie dich nicht gebrauchen. Die Kinder würden sich erschrecken.«

Rudolf konnte nichts erwidern; er war zu traurig. Als der Weihnachtsmann seine zwölf Rentiere ausgesucht hatte, gingen alle anderen wieder nach Hause. Nur Rudolf lief in den Wald. Dort blieb er, bis es dunkel wurde, und schlich sich dann nach Haus. Die Eltern und Geschwister hatten sich schon Sorgen gemacht und waren heilfroh, Rudolf gesund wiederzuhaben. Sie trösteten ihn und gaben ihm Leckerbissen zu essen, aber Rudolf blieb traurig.

Nun ging die Zeit mit Riesenschritten auf Weihnachten zu und alle waren sehr beschäftigt. Niemand bemerkte, dass das Wetter immer schlechter wurde. Am Weihnachtstag zogen plötzlich rabenschwarze Wolken auf, sodass es mittags schon fast so dunkel war wie am Abend. Und dann begann es auch noch zu schneien.

Die Schneeflocken fielen so dicht, dass man kaum die Hand vor den Augen erkennen konnte. Der Weihnachtsmann blickte besorgt zum Himmel und sagte: »Bei diesem Schneesturm werden die Kinder wohl vergeblich auf mich warten. Aber wenn ich jetzt anspanne, kann ich ja vom Kutschbock aus noch nicht einmal die Rentiere sehen, die den Schlitten ziehen. Wie soll ich denn da den Weg zu den Kindern finden?«

Er seufzte und zog sich Mantel, Stiefel und Mütze an, um hinauszugehen und wenigstens den Rentieren ein frohes Weihnachtsfest zu wünschen. Während er so von Haus zu Haus ging, überlegte er immer wieder, ob es nicht doch noch eine Möglichkeit gäbe, die Geschenke zu den Kindern zu bringen. Da begegnete er Rudolf, der gerade dabei war, einen Tannenbaum nach Hause zu tragen. Glücklich über diese schöne Aufgabe und voll Vorfreude auf die Bescherung, leuchtete Rudolfs Nase wie eine Laterne. Als der Weihnachtsmann ihn so daherkommen sah, wusste er plötzlich, dass die Kinder doch noch heute ihre Geschenke bekommen würden. »Hallo, Rudolf!«, rief er, »du bist ganz genau der, den ich heute am meisten brauche. Wärest du so nett und würdest vor meinem Schlitten herlaufen und mir so den Weg zu den Kindern zeigen?« Rudolf war zuerst sprachlos vor Freude. Doch dann sagte er: »Jjja, ja, ja, furchtbar gerne würde ich das!« Und seine Nase leuchtete vor Freude noch viel toller als je zuvor.

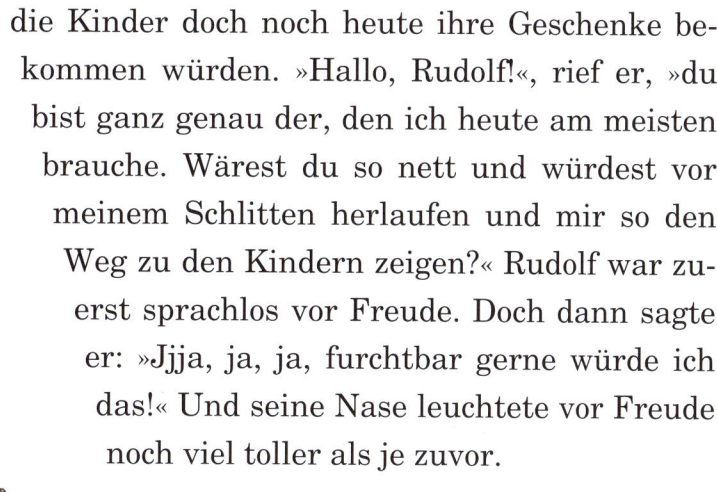

Elke Bräunling

Als der Weihnachtsmann verschlafen hatte . . .

Es kam die Zeit, da fühlte der Weihnachtsmann, dass er langsam alt wurde. Er war müde. Mal tat es ihm im Rücken weh, mal im Knie und immer öfter saß er am liebsten am warmen Kamin, wärmte sich die Füße und döste vor sich hin.

»Auch ein Weihnachtsmann wird einmal alt«, erklärte er seinen Gehilfen. »Und mit meinen hundertundzweiunddreißigeinhalb Jahren wird es Zeit, dass ich mich zur Ruhe setze.«

Seine Gehilfen aber waren anderer Meinung.

»Haha«, lachte Paketengel Friedrich. »Du und alt? Dass ich nicht lache!«

»Wir dürfen nie alt werden!«, rief Bäckerengel Hannes. »Was wird sonst aus den Kindern?«

Und Wunschzettelengel Heinrich meinte: »Du hast bloß keine Lust mehr, Weihnachtsmann zu sein. Du wirst faul, Alter.«

»Nicht faul. Müde!«, antwortete der Weihnachtsmann. »Aber was tut das zur Sache? Auf! Auf! An die Arbeit! Weihnachten naht.«

Und während seine Gehilfen schufteten und Vorbereitungen für das Weihnachtsfest trafen, setzte sich der Weihnachtsmann wieder an seinen Kamin und döste vor sich hin.

Es stimmt, dachte er, ich habe wirklich keine Lust mehr, jedes Jahr von Haus zu Haus zu laufen. Die Wünsche der Kinder werden immer größer und ich muss mich mit all den vielen Geschenken abschleppen.

Der Weihnachtsmann dachte an seinen schmerzenden Rücken und an die vielen langen Wunschzettel, die sich bei Wunschzettelengel Heinrich stapelten.

»Oje«, stöhnte er, »das wird wieder ein schönes Stück Arbeit geben.«

Er lehnte sich im Sessel zurück, kuschelte sich in sein Kissen und schon war er eingeschlafen. Tief und fest. Ein bisschen schnarchte er sogar.

Er hörte nicht seine Gehilfen nach ihm rufen. Er merkte nicht, wie sie versuchten ihn zu wecken, wie sie ihn rüttelten und schüttelten. Ja, er spürte selbst den kalten Eimer Wasser nicht, den sie über seinem Kopf ausschütteten. Nichts merkte er.

Er schlief und schlief und schnarchte und träumte.

Seine Gehilfen rannten aufgeregt im Zimmer auf und ab.

»Was sollen wir tun?«, jammerte Paketengel Friedrich. »Er schläft wie ein Murmeltier und morgen ist Weihnachtsabend.«

»Er muss sich auf den Weg machen«, klagte Bäckerengel Hannes. »Sonst bekommen die Kinder morgen keine Plätzchen und Lebkuchen und Schokoladenweihnachtsmänner.«

»Überhaupt: die Kinder!«, heulte Wunschzettelengel Heinrich auf. »So viele Wunschzettel haben sie uns geschickt! So viele Päckchen haben wir für sie gepackt!«

»Ja«, rief der Paketengel Friedrich. »Draußen steht der Schlitten. Ganz voll gepackt ist er!«

»Und meine wunderschönen Süßigkeiten! Wer soll sie alle essen? Er muss sie zu den Kindern bringen!« Bäckerengel Hannes zerrte an den Armen des Weihnachtsmannes. »Steh auf, Weihnachtsmann! Los!«

Doch der Weihnachtsmann knurrte nur ein bisschen und schnarchte weiter. Er schlief und schlief und die Gehilfen jammerten und heulten und klagten. So war es am Weihnachtsabend und am ersten Weihnachtsfeiertag und auch am zweiten. Der Weihnachtsmann schlief und die Gehilfen jammerten.

Und die Kinder?

Die hatten ein wunderschönes Weihnachtsfest.

So schön wie schon lange nicht mehr.

Als ihre Eltern nämlich gemerkt hatten,

dass der Weihnachtsmann dieses

Mal nicht kommen würde, kramten sie schnell ihre alten Spielsachen hervor und stellten Äpfel, Nüsse und Kuchen auf den Tisch.

Die Kinder freuten sich über die Geschenke, auch wenn es nicht viele und schon gar nicht die gewünschten waren. Nein, es waren lauter Überraschungen! Niemand war enttäuscht oder traurig. Es gab keinen Streit beim Auspacken und es gab auch keinen verdorbenen Magen. Dafür hatte man umso mehr Zeit, gemeinsam zu spielen, zu singen, zu erzählen und zu lachen.

»Seht ihr«, rief der Weihnachtsmann, als er kurz vor Ostern aus seinem Nickerchen erwachte, »es geht auch ohne mich. Und wie gut es geht!«

Und er beschloss in Rente zu gehen. Schließlich war er lange genug Weihnachtsmann gewesen. Über hundert Jahre lang. Das genügte.

Seither besorgen die Eltern die Sache mit den Wünschen und Geschenken. Sie machen es genauso gut wie der Weihnachtsmann. Oder fast so gut. Da passt der Weihnachtsmann sehr genau auf. Und manchmal, wenn er doch mal wieder Lust hat, Weihnachtsmann zu sein, geht er zu den Kindern. Nachts, wenn sie schlafen.

Und er schenkt ihnen wunderschöne Träume.

Vom Weihnachtsmann.

Ursel Scheffler

Die Weihnachtsmann GmbH

Der Weihnachtsmann presst einen feuchten Waschlappen auf die Stirn, sinkt auf die Holzbank in seiner Werkstatt und stöhnt.
»Oje! Das ist ja nicht auszuhalten mit dem Weihnachtsstress! So schlimm wie in diesem Jahr war es noch nie!«
Das Telefon klingelt ununterbrochen. Das Fax spuckt immer wieder neue Wunschzettel aus. Und jetzt steht der Post-Elch mit einem Waschkorb voller Briefe und Karten vor der Tür! Noch mehr Wunschzettel!
»Ich weiß gar nicht, wo ich zuerst anfangen soll! Und dabei hab ich auch endlich das bestellte Goldpapier und die Tannen-baum-Aufkleber dabei«, sagt der Post-Elch und gibt ihm den grünen Karton mit den Aufklebern und einen Stapel mit goldenen Rollen.
»Vielen Dank!«, sagt der Weihnachtsmann und be-stätigt den Empfang des Goldpapiers auf ei-nem roten Zettel. 
»Nur immer mit der Ruhe!«, brummt der Elch. »Kommt Zeit kommt Rat. Du hast es doch jedes Jahr geschafft.«
Kaum ist der Post-Elch verschwunden, da klingelt es schon wieder!
Draußen stehen der Bär und der Hase und sehen ihn erwartungsvoll an.
»Was – was wollt ihr denn heute von mir?«, fragt der Weihnachtsmann und

schiebt die wirren weißen Locken aus der Stirn. Irgendwie ist ihm, als ob er den beiden etwas versprochen hätte. Aber was???

»Hast du vergessen, dass wir heut bei mir zum Tee verabredet waren?«, fragt der Bär gekränkt. »Ich hab doch heut Geburtstag!«

»Da sitzen wir und warten und warten«, sagt der Hase. »Und du kommst nicht. Als ob es nicht schon schlimm genug wäre, wenn einer im Dezember Geburtstag hat, wenn alle anderen bloß an Weihnachten denken. Der arme Bär!«

»Da hast du Recht«, sagt der Weihnachtsmann zerknirscht. »Ich erinnere mich. Du hast dir im letzten Jahr zu Weihnachten gewünscht, dass ich zu deinem Geburtstag komm!«

»Es war mein einziger Wunsch«, brummt der Bär.

»Stimmt!«, sagt der Weihnachtsmann. »Herrje! Jetzt weiß ich auch, was die rätselhaften Buchstaben auf meinem Kalender bedeuten. GMBH steht da.

Das heißt: Geburtstagsfeier mit Bär und Hase. Hatte ich doch glatt vergessen. Na ja, man wird nicht jünger.«

»Aber versprochen ist versprochen!«, sagt der Hase.

»Da hast du Recht. Ihr müsst schon entschuldigen. Aber ich weiß momentan wirklich nicht, wo mir der Kopf steht. Diesmal ging es schon viel früher als im vergangenen Jahr mit dem Weihnachtsgeschäft los. Die Menschen werden immer verrückter. Sie können einfach nicht warten.«

Der Hase nickt zustimmend: »Jaja. Es gab diesmal schon Ende August überall Schokoladenweihnachtsmänner in den Geschäften!«

»Da ist es doch viel zu warm!«, brummt der Bär. »Es ist lebensgefährlich für einen Schokoladenweihnachtsmann, wenn man nicht abwartet, bis seine Zeit gekommen ist.«

»Du hast Recht«, sagt der Hase, »er kann schmelzen. Oder es beißt ihm ein verfressenes Menschenkind kurzerhand den Kopf ab.«

»Was ist jetzt?«, drängelt der Bär. »Kommst du? Ich hab extra einen schönen Geburtstagskuchen gebacken. Schließlich dachte ich, dass man sich auf den Weihnachtsmann verlassen kann . . . «

»Ich komm ja schon«, sagt der Weihnachtsmann und wirft einen etwas hilflosen Blick auf die viele Arbeit, die in seiner Werkstatt wartet.

»Jetzt feiern wir erst mal Geburtstag!«, sagt der Hase entschlossen.

»Hinterher helfen wir dir, damit du mit deiner Arbeit vorankommst.«

»Da geht dann alles dreimal so schnell«, verspricht der Bär.

»Vielleicht ist eine kleine Pause gar nicht so schlecht«, murmelt der Weihnachtsmann, als er die Werkstatttür hinter sich zuschließt. Unter dem Arm hat er eine Keksdose und ein Päckchen. Zehn Minuten später sitzen alle drei vergnügt beim Bären und trinken Tee. Der Weihnachtsmann stellt die Dose mit den selbst gebackenen

Plätzchen auf den Tisch und ein Päckchen, das in blaues Papier mit silbernen Sternen eingepackt ist.

»Das ist eine kleine Geburtstagsüberraschung!«

»Du hast meinen Geburtstag also doch nicht vergessen«, brummt der Bär zufrieden. Der Hase nickt: »Hat er nicht! Sonst hätte er ja kein Geschenk für dich!«

»Ich glaub, ich weiß, was drin ist!«, sagt der Bär. »Honig, stimmt's? Im letzten Jahr war auch Honig drin!«

»Mach's doch erst mal auf! Wenn ich alles verrate, ist die Überraschung futsch!«, lächelt der Weihnachtsmann geheimnisvoll.

Der Bär wiegt das Päckchen vorsichtig mit beiden Vorderpfoten und überlegt: »Es ist zu leicht für Honig!«

»Nun sieh schon nach«, drängelt der Hase neugierig.

»Oh, es macht Geräusche«, ruft der Bär überrascht. Ganz vorsichtig wickelt er das Päckchen aus. »Eine Spieluhr!«, jubelt er. Er zieht die Spieluhr auf. Sie spielt ein ganz bekanntes Tanzbärenlied.

»Komm!«, sagt der Hase und tanzt mit dem Weihnachtsmann ausgelassen um den Tisch.

»He! Halt! Werft meinen Kuchen nicht um!«, ruft der Bär, als der Weihnachtsmann mit dem Hasen eine wilde Polka tanzt. Sie lachen, singen, tanzen, trinken Tee und essen Kekse und Kuchen.

»Oh, war das ein toller Geburtstag!«, sagt der Bär, als er schließ-

lich erschöpft in den Sessel sinkt. »Ausruhen geht jetzt nicht!«, sagt der Hase. »Wer feiert, muss auch arbeiten. Los komm. Wir müssen dem Weihnachtsmann helfen. Das haben wir versprochen.«

»Eigentlich bin ich schon auf Winterschlaf eingestellt!«, sagt der Bär und gähnt.

»Ihr wollt mir also wirklich helfen? Das wäre natürlich fabelhaft«, sagt der Weihnachtsmann, der beim Feiern für einen Augenblick lang seinen Weihnachtsstress vergessen hatte.

»Versprochen ist versprochen!«, sagt der Hase.

»Ich kann ja hinterher immer noch schlafen«, brummt der Bär. »Einen ganzen Winter lang.«

Und dann tappt er hinter dem Hasen und dem Weihnachtsmann zur Werkstatt. Die Spieluhr hat er unterm Arm. Und während alle drei hämmern, sägen, basteln, Päckchen packen und Briefe schreiben, lässt der Bär die Spieluhr immer wieder spielen und sagt: »Mit Musik geht alles besser.«

»Mit Freunden, die helfen, geht alles besser!«, sagt der Weihnachtsmann, als er am Abend die fertigen Pakete abzählt.

»Morgen kommen wir wieder«, sagt der Bär.

»Versprochen ist versprochen!«, ruft der Hase.

Bär und Hase halten Wort. Sie helfen dem Weihnachtsmann, wo sie können. Eine ganze Woche lang. Der Bär schleppt die schweren Sachen. Der Hase tippt die allerletzten Weihnachtsbriefe und Postkarten auf dem Computer. Und er schickt noch die letzten Blitzbestellungen für Sonderwünsche ab. Endlich sind alle Wunschzettel abgehakt und alle Pakete gepackt. Gemeinsam beladen sie den großen Schlitten.

»Was nicht draufpasst, bring ich zum Weihnachtspostamt«, sagt der Bär.

»Und ich werfe dort die Karten und Briefe in den Kasten!«, sagt der Hase.

»Warum hast du als Absender auf alle Pakete WEIHNACHTSMANN GMBH geschrieben?«, will der Hase wissen.

»Das ist in diesem Jahr die Abkürzung für meine Firma«, sagt der Weihnachtsmann und lacht verschmitzt. »Es heißt: Geschafft mit Bär und Hase!«

Anne Wilsdorf

Als der Weihnachtsmann Feuer fing

Im Morgengrauen legte sich der Weihnachtsmann endlich ins Bett, nun konnte er mit gutem Gewissen einschlafen. Vorher hatte er noch ein letztes Mal den Plan der Kamine studiert, durch die er tausende und abertausende von Spielsachen werfen würde, die er liebevoll selbst gemacht, hübsch eingepackt und verschnürt hatte. Die prall gefüllten Säcke platzten beinahe aus den Nähten.

»Weihnachten! Aufstehen, Weihnachtsmann!«, schrie der Kuckuck so laut und schrill, dass der alte Weihnachtsmann vor Schreck aus dem Bett fiel. Es war schon später Nachmittag, das fing ja gut an!

Doch schon bald fand der Weihnachtsmann seine gute Laune wieder und holte sein schönes Festtagskleid aus der Truhe. Das war aber arg zerknittert und der Weihnachtsmann beschloss es zu bügeln.

Doch der Arme war mit seinen Gedanken schon beim Nächsten, was er erledigen sollte, und bemerkte daher nicht, dass das Bügeleisen auf seinem langen weißen Bart hin und her fuhr . . .

Da, plötzlich, sein Bart brannte lichterloh. Rasch tauchte er ihn in den Kaffee. Was er noch alles machen musste: nochmals den Bart stutzen, sich nochmals kämmen,

nochmals Kaffee machen und dazu noch dem Kater etwas Gutes zu essen geben. Es war schon Nacht und die Uhr mahnte ungeduldig zur Eile.

Hals über Kopf spannte er Lamech, das Einhorn, vor den Schlitten. Und im fahlen Licht des Mondes sausten sie hinaus in den dichten, verschneiten Wald. Doch in seiner Hast hatte der Weihnachtsmann den Schlitten schlecht befestigt und – schwupp – schon in der ersten Kurve kippten sie um.

Der Schlitten war zerbrochen und der Weihnachtsmann mitsamt seiner kostbaren Ladung im Schnee gelandet.

»Nicht mal zum Schimpfen hab ich Zeit«, brummte der Weihnachtsmann und suchte seine fünf Sinne und die heil gebliebenen Geschenke zusammen.

Und weiter ging's durch Felder und Wälder auf dem Rücken des treuen Einhorns Lamech.

Als sie endlich in der Stadt ankamen und der Weihnachtsmann schon ein erleichtertes »Uff!« ausstoßen wollte, da rutschte Lamech auf einer kleinen, eisglatten Brücke aus und der Weihnachtsmann plumpste mit Sack und Pack in den Fluss. Und mit den letzten Geschenken versanken auch noch seine letzten Hoffnungen.

Ein Glück, dass eben Fräulein Faustine Fopp vorbeiging und sah, wie das Unglück passierte. Sie war sofort zur Stelle und half dem Weihnachtsmann heraus.

»Ich bin Spielwarenhändlerin«, sagte sie. »Kommen Sie, kommen Sie, noch ist nichts verloren.«

Und der Weihnachtsmann wurde aufgetaut und abgetrocknet, gewärmt, gekleidet und gepäppelt. Und als er wieder auf den Beinen war, räumten Faustine und er den ganzen Laden aus und stopften alles in Säcke.

Und schon kletterten Faustine, ihr Hund Lambert, der Weihnachtsmann und sein Kater Heini auf die Dächer.

Sie stopften die gefräßigen Kamine mit Päckchen voll. Inzwischen wuchs in den Häusern die Unruhe. Es war Mitternacht geworden, und merkwürdig: Die Kinder durften immer noch nicht zum Weihnachtsbaum.

»Die Weihnachtsmänner sind auch nicht mehr, was sie einmal waren«, murrte

man auf der anderen Seite der Tür. Ja, es wurden Stimmen laut, die allen Ernstes daran zu zweifeln begannen, ob es überhaupt einen Weihnachtsmann gebe ... Doch da prasselten schon die Geschenke durch den Kamin und mit ihnen kehrte auch der Glaube an den Weihnachtsmann zurück.

Die ganze Stadt war ein einziges Fest und fest klopften die Herzen von Faustine und dem Weihnachtsmann: Sie hatten zusammengefunden und blieben fortan unzertrennlich.

Um immer beieinander bleiben zu können, heirateten Faustine und der Weihnachtsmann. So fanden die schlimmen Missgeschicke des Weihnachtsmannes doch noch ein gutes Ende: Von nun an hatte er einen Schutzengel namens Faustine. Und in jener Nacht trug das treue Einhorn Lamech auf seinem Rücken einen glücklichen Weihnachtsmann – und eine glückliche Weihnachtsfrau. Und noch etwas:

Lambert, der Hund, und Heini, der Kater, standen nicht nur auf gutem Fuß miteinander, sondern dank Faustines Verköstigung wurden sie bald ganz dicke Freunde.

Gudrun Pausewang

Der Weihnachtsmann im Kittchen

Dies ist eine wahre Geschichte. Vor achtunddreißig Jahren las ich sie oder so ähnlich in der Zeitung.

Ein Mann, der nach dem letzten Krieg schnell zu Reichtum gekommen war, spürte plötzlich in der Vorweihnachtszeit das Bedürfnis, von seinem Reichtum etwas abzugeben. Es gab viele Arme in Deutschland in jener Zeit. Er wusste nur nicht, *wie* er sie beschenken sollte.

Als er einem Weihnachtsmann begegnete, der durch die Straßen ging und Handzettel mit Kaufhauspreisen verteilte, kam ihm eine Idee. Er kaufte sich eine Weihnachtsmann-Verkleidung samt Bart, Augenbrauen und Sack, ging auf die Bank und hob dreitausend Mark in Zehnmarkscheinen ab. Für zehn Mark konnte man damals so viel kaufen wie jetzt für zwanzig.

Einen Tag vor Heiligabend fuhr er in den Bayerischen Wald. Dort galten die Leute als besonders arm. In einem einsamen Gasthof nahm er sich ein Zimmer. Er war der einzige Gast, denn am Heiligabend ist jeder am liebsten daheim bei seinen Lieben. Er aber lebte allein. Es kam nicht drauf an, wo er sich zu Weihnachten aufhielt.

Vor lauter Vorfreude schlief er unruhig. Am nächsten Morgen verkleidete er sich als Weihnachtsmann, tat die Geldscheine in den Sack und machte sich zu Fuß auf den Weg ins nächste Dorf. Es lag verschneit im Wald. Das erste Kind, dem er begegnete, starrte ihn entgeistert an. Er schenkt ihm einen Schein. Dann hielt er eine krummbeinige Alte an, die durch den Schnee schlurfte, und beschenkte auch sie. Aber sie ließ den Schein fallen, bekreuzigte sich und entfloh. Kurz darauf kamen Kinder scharenweise

gelaufen. Sie hatten
wohl von dem seltsamen
Weihnachtsmann erzählen hören. Freudestrahlend schwenkte jedes Kind seinen Schein und lief nach Hause.

Genau so hatte es sich der reiche Mann vorgestellt: Jubel und glückliche
Augen. Davon, dass ihn die Dörfler durch die Gardinen beobachteten,
merkte er nichts.

Einem alten Bauern, der ihn fragte, wer er sei, antwortete er: »Einer, der
mehr hat, als er braucht.«

»Wo gibt's denn so was, dass jemand einen ganze Sack voll Geld verschenkt!«, knurrte der Bauer. »Da geht doch etwas nicht mit rechten Din-
gen zu!«

Er hinkte fort, ohne den Geldschein genommen zu haben. Und niemand
zeigte sich mehr auf der Straße.

Da stapfte der reiche Mann ins nächste Dorf und begann auch dort Geld
auszuteilen.

Aber hier nahm ihn die Polizei fest. Sie war, von den Leuten des ersten Dorfes alarmiert, hinter ihm hergefahren.

Als er sagte, er sei der Fabrikant Schütt aus Offenbach und verschenke nichts als sein selbst verdientes Geld, glaubte man ihm nicht. Seine Papiere hatte er im Gasthof gelassen.

So musste er die Heilige Nacht in der Zelle der Polizeiwache zubringen. Denn die Polizisten wollten die Besitzer des Gasthofs am Weihnachtsabend nicht stören und die Behörden in Offenbach waren an so einem Tag auch schwer zu erreichen.

Erst am ersten Feiertag, als die Polizisten Pass und Mercedes sahen, ließen sie den Weihnachtsmann wieder frei und entschuldigten sich bei ihm.

»Nichts für ungut«, sagten sie. »Es war so unglaublich.«

Iskender Gider

Wir warten auf den Weihnachtsmann

Weit weg von hier, niemand weiß genau, wo, wohnt der Weihnachtsmann. In den Tagen vor Weihnachten hat er viel zu tun. Er muss all die Briefe mit den Wunschlisten der Kinder lesen. Die Weihnachtsfrau schleppt die Post in Körben herbei. Von Jahr zu Jahr werden es immer mehr Wünsche. Ob der Weihnachtsmann in diesem Jahr alles schaffen kann?

Kein Kind darf er vergessen! Alle Wünsche muss er erfüllen.

Bis in die späte Nacht hinein liest der Weihnachtsmann mit seiner Frau die vielen Briefe. Müde und verschnupft murmelt er in seinen Bart hinein: »Ist das alles noch zu schaffen?«

»Morgen besorge *ich* die Geschenke!«, sagt die Weihnachtsfrau. Seit vielen Jahren sehnt sie sich danach, einmal selbst der Weihnachtsmann zu sein und die Geschenke aussuchen zu dürfen.

»Aber das kann doch nur *ich!*«, wehrt sich der Weihnachtsmann.

»Na hör mal zu . . .! Was soll denn das . . .? Du kannst doch nicht . . .!«, stottert der Weihnachtsmann. Bis er sich besinnen kann, hat die Weihnachtsfrau schon den langen roten Mantel, die Pelzmütze und die Winterstiefel des Weihnachtsmannes herbeigeholt. Mit tiefer Stimme brummt sie durch den falschen Bart: »Bin ich nicht ein hübscher Weihnachtsmann?«

Ganz geheuer ist dem Weihnachtsmann diese Idee nicht. Was ist, wenn jemand herausfindet, wer hinter seinen Kleidern steckt?

Doch er ist müde und erschöpft. Morgen will er sich erholen und am Abend muss er die Geschenke verteilen. Und so willigt er schließlich ein.

Als der Weihnachtsmann am nächsten Morgen erwacht, ist seine Frau längst schon unterwegs. Heute besorgt sie die Geschenke. Hoffentlich vergisst sie keines.

Frisch und ausgeschlafen hat der Weihnachtsmann auch eine Idee. Da wird die Weihnachtsfrau aber staunen: Heute erledigt er die Hausarbeiten: Schuhe putzen . . . Plätzchen backen . . . – ob sie ihm ebenso gut gelingen wie der Weihnachtsfrau? Selbst das Wischen, Putzen, Klopfen, Fegen geht ihm leicht von der Hand. Unterschätzt hat er die Hausarbeit aber doch. Wie erschlagen sinkt er in den Sessel und schläft ein.

Die Weihnachtsfrau verbringt inzwischen einen schönen Vormittag in der Buchhandlung. »Alle Leute, groß und klein, haben Bücher gern!«, sagt sie glücklich.

Viele Bücher stehen auf der Wunschliste. Der Bücherstapel wird größer und größer. Endlich hat die Weihnachtsfrau alle Bücherwünsche auf der Liste abgehakt. Für die anderen Geschenke ist gottlob noch Platz auf dem Schlitten.

Jetzt muss sie sich aber beeilen, um ins Spielzeugschloss zu kommen. Darauf freut sie sich besonders.

Als die Weihnachtsfrau dort all die tollen Spielsachen sieht, gerät sie vor Freude ganz aus dem Häuschen. In ihrem Übermut probiert sie gleich ein Skateboard aus. Dann hätschelt sie einen kleinen Teddybären und testet auch das übrige Spielzeug. Dabei hätte sie beinahe vergessen, dass die schönen Spielsachen eigentlich für die Kinder bestimmt sind. Eilig wählt sie für jedes Kind ein passendes Geschenk aus und belädt den Schlitten mit dem Spielzeug. »Nun aber schnell nach Hause, der Weihnachtsmann wartet bestimmt schon auf uns!«

Richtig, er steht schon vor dem Haus, als er seine Frau mit dem Rentier dahersausen sieht.

Vor Freude wirft er die Arme hoch.

»Schön war's«, sagt die Weihnachtsfrau, »ich habe alles erledigt und keinen einzigen Wunsch vergessen.«

»Du bist ja großartig!«, ruft der Weihnachtsmann. »Ich hab's ja gleich gewusst.«

Doch lange können sie nicht plaudern, denn die Geschenke müssen verpackt werden. Zu zweit geht alles viel leichter und schneller. Darauf hätte ich längst kommen können, denkt der Weihnachtsmann und kratzt sich nachdenklich die Stirn.

Noch in derselben Nacht ruft die Weihnachtsfrau die Rentiere zusammen, streicht ihnen das Fell glatt und flüstert ihnen zu, wohin sie jetzt gleich den goldenen Schlitten mit den Geschenken ziehen sollen.

Der Weihnachtsmann aber bietet seiner Frau den Platz neben sich an. Die Reise wollten sie von nun an immer zu zweit machen.

Am Weihnachtsabend schauen die Kinder voller Sehnsucht und Erwartung aus dem Fenster. Sie warten auf den Weihnachtsmann. Sie sehen den Mond und auch einen Stern mit einem langen Schweif. Jetzt sind sie sicher: Der Weihnachtsmann ist unterwegs. Ob sie wissen, dass er nicht allein fährt? Er sitzt mit seiner Frau im goldenen Schlitten mit vielen bunten Geschenken.

Ursel Scheffler

Tante Bärta und der Weihnachtsmann

Am nächsten Tag ist es so kalt und nebelig, dass man nicht draußen spielen kann. Die kleinen Bären langweilen sich sehr, weil keiner der Erwachsenen für sie Zeit hat.

»Lasst uns zu Tante Bärta gehen!«, sagt Kiki.

»Den Weg finden wir auch im Nebel«, sagt Mütze.

Bärta wohnt in einem Blockhaus am Wald. Sie ist schon uralt und sie kennt unglaublich viele Geschichten. Sie weiß auch, wie es früher in Bommerlund gewesen ist, lange ehe die kleinen Bären auf der Welt waren.

Tante Bärta erzählt ihre Geschichten gerne und sie brutzelt ab und zu Bratäpfel mit Zucker und Zimt in ihrem altmodischen Kachelofen.

Kein Wunder, dass sie bei den kleinen Bären sehr beliebt ist.

»Wie seht ihr denn aus!«, sagt sie und lacht vergnügt, als die drei vor ihrer Haustür stehen. »Na, kommt mal rein, ihr Räuber!«

Die Feuchtigkeit des Nebels ist auf dem Fell der Bären festgefroren und es sieht aus, als hätten sie Masken auf. Man kann bloß Nasen und Augen erkennen.

»Sehen wir wirklich wie Räuber aus?«, fragt Kiki.

»Fast!«, sagt Bärta. »Aber ich kann echte und falsche Räuber glücklicherweise gut unterscheiden. Ich hab nämlich einmal eine schlimme Räubergeschichte erlebt!«

»Erzähl!«, rufen Mütze und Socke wie aus einem Mund.

»Eine Räubergeschichte? Toll!«, sagt Kiki.

»Es war vor langer, langer Zeit. Lange, ehe es Bommerlund gab, da wohnten die Bären noch im Wald hinter den sieben großen Schneebergen. Eines

Morgens, ich war ungefähr so groß wie ihr, da wollte ich zu meinen Freunden zum Spielen gehen. Ich wollte die Abkürzung über den See nehmen. Der war zugefroren. Als ich den See fast überquert hatte, zog Nebel auf. So wie heute. Ich wusste nicht genau, wie weit es noch bis zum anderen Ufer war. Da hörte ich Stimmen. Es waren drei Wölfe.

›Da vorne kommt er vorbei‹, sagte der erste.

›Ich zieh ihm die Beine weg und du haust ihm eins über die Mütze!‹, sagte der andere.

›Und ich schnapp den Sack und dann laufen wir weg‹, knurrte der dritte. Ganz klar, das waren Räuber! Ich überlegte, was zu tun war. Die waren zu dritt und stärker als ich, also beschloss ich abzuwarten. Ich versteckte mich hinter einem Busch. Der Nebel lichtete sich. Ich erkannte die Umrisse der Bäume. Dann hörte ich Schlittenglocken. Das musste der Weihnachtsmann sein, der auf seinem Weg zu den Kindern immer hier vorbeifuhr!

›Er kommt!‹, flüsterte einer der Räuber. ›Achtung, fertig, los!‹

Sie brachen aus dem Hinterhalt hervor und fielen über den Schlitten her. Sie stießen den Weihnachtsmann herunter, raubten seinen Sack und liefen davon. Zurück blieb ein zerbrochener Schlitten und der Weihnachtsmann mit gebrochenen Beinen, der ohnmächtig im Schnee lag. Bestimmt wäre er erfroren, wenn ich ihn nicht aufgehoben und gewärmt hätte. Meine Freunde und ich haben den Doktor geholt und den Weihnachtsmann zu uns nach Hause gebracht. Wir haben ihn gepflegt, bis er gesund war und wieder laufen konnte. Und weil ich das getan habe, gibt es heute noch einen Weihnachtsmann.«

»Das war eine tolle Geschichte!«, sagt Socke.

»Die Wölfe dachten bestimmt, das wäre das Rotkäppchen«, überlegt Mütze.

»Quatsch!«, ruft Kiki. »Das ist doch viel kleiner.«

»Wölfe sind doof«, sagt Mütze.

»Und gemein«, fügt Socke hinzu.

»Etwas Gutes hat die Sache gehabt«, sagt Bärta. »Wir Bären haben damals dem Weihnachtsmann versprochen ihn zu beschützen und ihm jedes Jahr vor Weihnachten nach Kräften zu helfen. Und so ist es bis heute geblieben.«

4. Kapitel

Heute ist endlich Weihnachten !

Renate Welsh

Lisa und ihr Tannenbaum

Im Sommer hat Lisa ihn entdeckt: den schönsten Tannenbaum weit und breit. Mitten auf einer Lichtung steht er, ganz allein, hat Äste und Zweige bis zum Boden. Wenn Lisa auf den Zehenspitzen steht, kann sie seinen Wipfel anfassen. Die Nadeln an den Spitzen der Zweige sind hellgrün und weich. Lisa streichelt sie.

Sie stellt sich vor den Tannenbaum und singt: »Oh Tannenbaum, oh Tannenbaum!«

Weihnachtslieder singt sie am liebsten im Sommer. »Das wird unser Christbaum«, sagt sie.

Die Eltern erklären: »Man darf Bäume nicht einfach abschlagen.«

»Warum?«, fragt Lisa.

»Weil sie jemandem gehören«, sagt der Vater.

Lisa will wissen, ob dieser Jemand die Bäume gepflanzt hat.

»Manche«, sagt der Vater. »Manche hat der Wind gesät oder die Vögel . . . «

Lisa denkt nach: »Dieser ist ein Wind- und Vogelbaum, der gehört dem Wind und den Vögeln.«

»Und die verkaufen ihn nicht«, sagt die Mutter.

»Aber ich will nur den«, sagt Lisa.

Immer wieder geht Lisa ihren Baum besuchen. Einmal hängt ein Spinnen-

74

netz in den Zweigen, darin funkeln ein paar Regentropfen. Lisa bringt eine Glaskugel mit und hängt sie an einen Zweig. Wie schön wird der Baum erst sein mit vielen Glaskugeln, mit Lebkuchen, Schokoladenherzen und mit Kerzen!

Es wird Herbst. Das Gras auf der Lichtung ist gelb und braun. Die Birken am Waldrand haben nur noch fünf Blätter. Auf der Spitze des Tannenbaums hängt ein goldenes Birkenblatt.

»Bald ist es so weit«, sagt Lisa.

Der Vater holt die Glaskugeln vom Schrank. Die Mutter bastelt Strohsterne und Lisa malt ihrem Nussschalenkind einen roten Mund. Der Vater putzt die Glaskugeln, aus der Schachtel fallen vertrocknete Tannennadeln.

Plötzlich erinnert sich Lisa an den Dreikönigstag im letzten Jahr. Sie erinnert sich, wie sie den Christbaum abgeräumt haben. Fast alle Nadeln sind heruntergefallen. Übrig geblieben ist ein trauriger kahler Stamm und traurige kahle Äste und ein trauriges Häufchen grauer Nadeln auf dem Fußboden.

»Morgen holen wir deinen Tannenbaum!«, sagt der Vater. »Ich habe mit dem Förster gesprochen.«

Lisa schüttelt den Kopf.

Die Mutter sieht den Vater an. Der Vater sieht die Mutter an.

»Warum denn nicht?«, fragen beide.

Lisa beginnt zu weinen. Die Mutter streichelt ihr über den Kopf. Der Vater hebt sie auf seinen Schoß. Lisa schluchzt in seinen Pullover hinein.

Plötzlich sagt die Mutter: »Ich habe eine Idee.«

Am Weihnachtsabend

kommen die Großeltern, Tante Carola und Onkel Michael. »Nicht auszie-
hen«, sagt Lisa. »Warum nicht?«, fragt die Oma.
Lisa macht ein geheimnisvolles Gesicht. Die Mutter reicht allen Gummi-
stiefel. Oma bekommt noch ein dickes warmes Tuch. Sie steigen ins Auto.
Es ist eng im Wagen mit so vielen Menschen drin, eng und schön warm. Der
Großvater will wissen, wohin sie fahren, aber die Eltern und Lisa verraten
nichts.

Am Waldrand bleiben sie stehen. Nebelfetzen wirbeln an den Bäumen entlang. Lisa rutscht auf den nassen Blättern. Es ist dunkel zwischen den Bäumen. Der Lichtstrahl von Vaters Taschenlampe zittert. Dicke Tropfen platschen auf die Nasen. Sie kommen zu der Lichtung.

Lisa läuft zu ihrem Tannenbaum. Die Mutter steckt Kerzen in die Zweige. Der Vater hängt Nüsse an die mittleren Zweige. Lisa hängt Karotten an die unteren Zweige. Die Mutter hängt Meisenringe an die obersten Zweige. Sie kramt in ihrem Korb: »Wo sind die Streichhölzer?«

Der Großvater zieht sein Feuerzeug aus der Tasche. Er zündet die Kerzen an und die Sternspucker. Sie halten sich alle an den Händen und gucken den Baum an. Oma fängt an zu singen. Sie singen alle Weihnachtslieder, die sie kennen.

Plötzlich lacht Lisa. »Schaut, man sieht unsere Lieder!« Man sieht sie wirklich. Als weiße Fahnen und weiße Kringel in der kalten Luft.

»Hasen!«, ruft Lisa, »Eichhörnchen! Meisen! Kommt, euer Christbaum ist fertig!«

Kein Hase kommt, kein Eichhörnchen und keine Meise. Lisas Füße werden kalt und kälter. Die Großmutter tritt schon von einem Fuß auf den anderen.

Die Mutter sagt: »Ich glaube, die kommen erst, wenn wir weg sind.«

Lisa lehnt sich an die Mutter und blickt in die Höhe. Zwischen den Wolken leuchtet ein Stern.

Am nächsten Tag gehen alle noch einmal in den Wald. Die ganze Lichtung ist voller Raureif. Alle Nüsse sind weg. Eine einzige Karotte hängt noch da, und die ist zur Hälfte angeknabbert. In die Meisenringe sind große Löcher gepickt. Lisa umarmt einen nach dem anderen. »Na seht ihr«, sagt sie.

Achim Bröger

Die Weihnachtskatze

Rikki wartet und wartet. Jetzt sind es noch vierundzwanzig Stunden bis zur Bescherung. Warum kommt der Weihnachtsmann nur so spät? Er sollte früher hier sein, am besten gleich.

Mit dem Fernglas sieht Rikki die Straße hinunter, dem Weihnachtsmann entgegen. Der taucht aber nicht auf. Dafür sitzt gegenüber im dritten Stock eine schwarz-weiße Katze und genau so eine wünscht sich Rikki zu Weihnachten.

Die Katze hockt auf dem Fensterbrett. Im Fernglas sieht sie riesengroß aus. Jetzt hebt sie eine Pfote. Sie winkt mir, staunt Rikki.

Komm, riesengroße Fernglaskatze! Spring! Schnell das Fenster weit auf!

Ein Schatten springt über die Straßen von einem Fenster zum anderen. Katzenweich und riesig.

»Schön, dass ich so groß bin«, freut sich die Katze in Rikkis Zimmer. »Normalerweise funktioniert das nicht so einfach, nur kurz vor Weihnachten.«

Die Katze betrachtet sich zufrieden. »Was machen wir jetzt?«, fragt sie nach einer Weile.

Rikki hat eine Idee. »Wir rennen zum Weihnachtsmann«, sagt sie, »und wir fragen ihn, warum er sich so viel Zeit lässt.«

Auf Zehenspitzen und Katzenpfoten schleichen sie aus dem Haus. Schon sitzt Rikki hoch und weich auf dem Rücken der Katze. Das weiße Ohr links

vor sich, das schwarze rechts. »Festhalten!«, schnurrt die Katze. Gärten und Zäune flitzen unter Rikki vorbei. Der Schnee wirbelt auf. Und am dunklen Himmel steht ein Stern.

»Der Weihnachtsmann wohnt im verstecktesten Haus weit weg«, sagt die Fernglaskatze. »Wir müssen durch sieben Wälder.« Und sie läuft durch sieben Wälder wie ein blitzschneller schwarz-weißer Schatten.

Da sehen sie ein schiefes, kleines Holzhaus. Ein Schild hängt an der Tür: WEIHNACHTSMANN.

»Ich warte auf dem Dach«, sagt die Katze. Schon ist sie verschwunden.

Rikkis Herz pocht laut, als sie an die Tür klopft. Die Tür öffnet sich knarrend. Und da steht er, der Weihnachtsmann. »Nanu«, sagt er. »Da hat mich ja doch jemand gefunden.«

»Ich bin die Rikki. Und du bist der Weihnachtsmann? Wirklich und ohne Schummeln?« Er nickt und Rikki fragt: »Warum bist du nicht unterwegs? Wir warten alle auf dich!«

»Hatschi!«, macht der Weihnachtsmann. »Hab Schnupfen! Ich will zu Hause bleiben! Ach . . . und außerdem passt mir die Abhetzerei vor Weihnachten nicht. Aber komm doch rein, Rikki.«

Der Weihnachtsmann setzt sich an den Kamin und träufelt sich Nasentropfen in die Nase. Dann sagt er: »Nee, nee, ich will nicht raus in die Kälte. Will hier bleiben. Ich verschiebe Weihnachten.«

»Waas!?«, ruft Rikki.

»Ach, es reicht doch, wenn ich die Geschenke so Ende Januar bringe. Erst mal kuriere ich meinen Schnupfen aus. Und wenn ich gesund bin, gehe ich mal Eis laufen.«

Der soll nicht Eis laufen, der soll die Geschenke bringen, denkt Rikki. Jetzt zieht der Weihnachtsmann Briefe aus der Manteltasche.

»Beschwerdebriefe«, sagt er. »Habe mich im letzten Jahr ein paar Mal böse verschenkt. Nur wegen dieser verflixten Eile, und alles muss ich alleine machen. Aber in diesem Jahr lasse ich mir Zeit.«

»Du kannst Weihnachten nicht verschieben!«, sagt Rikki.

»Hatschi!«, macht der Weihnachtsmann. »Oh doch, ich kann. Ich bleibe hier und schenke mir ein paar ruhige Tage. Dann bekomme ich auch mal was geschenkt.«

Aufgeregt sagt Rikki: »Seit Wochen freuen wir uns auf diesen Tag.« Und sie verspricht dem Weihnachtsmann: »Ich stricke dir einen Schal, damit du beim Geschenkeausteilen nicht frierst. Den Schal schenke ich dir aber nur, wenn du die Geschenke morgen verteilst wie immer.«

Der Weihnachtsmann zögert und sagt: »Einen Schal hätte ich gerne.«

»Und meine Katze könnte dir beim Tragen der Geschenke helfen«, sagt Rikki.

»Du hast schon eine Katze?«, fragt
der Weihnachtsmann.

Heißt das, dass ich eine zu Weihnachten bekommen soll?, überlegt Rikki. Schnell sagt sie: »Die
Fernglaskatze gehört ja eigentlich dem Nachbarn.«

Sie gehen vor das Weihnachts-
mannhaus. Rikki zeigt auf das
Schneedach. Dort oben, neben dem
warmen Schornstein, liegt die Katze. Der Weihnachtsmann guckt
durchs Fernglas. »Oh, riesig«, staunt er und die Katze springt vom Dach.
»Ich weiß schon alles«, sagt sie, »habe euch durch den Schornstein gehört.«

»Wenn mir die Fernglaskatze hilft, schaffe ich es mit den Geschenken
wirklich noch«, sagt der Weihnachtsmann. »Gut, ich verschiebe das Fest
nicht. Aber den Schal musst du mir stricken«, verlangt er und Rikki
nickt.

Jetzt sagt der Weihnachtsmann zur Katze: »Morgen früh kommst du und
hilfst mir.«

»In Ordnung«, schnurrt sie. Dann fällt Rikki ein: »Ich muss nach Hause.
Sonst merken meine Eltern, dass ich weg war.« Sie setzt
sich ins Fell der riesengroßen Fernglaskatze und sie
laufen los. Der Weihnachtsmann winkt ihnen hinterher.

Ob ich morgen die Katze bekomme?, überlegt
Rikki und in ihr jubelt es: Weihnachten wird
nicht verschoben.

Ein Glück. Ein Riesenglück.

Ludwig Askenazy

Der lebendige Weihnachtsbaum

Es war ein frostiger Tag und ein durchfrorener Vater suchte einen Weihnachtsbaum. Aber im Wald war nichts mehr zu finden. Jetzt stand er da im Frost und ohne Weihnachtsbaum.

Da kam ein Hirsch auf ihn zu und sagte mit Menschenstimme: »Ich weiß, du suchst einen Weihnachtsbaum und ich will schon immer einer werden. Schau, mein Geweih. Es ist mit Moos überwachsen, es glitzert und riecht nach Tannennadeln.«

»Komm doch mit«, sagt der Vater. »Aber du darfst nichts verraten.«

»Ist doch klar«, sagte der Hirsch. »Nur möchte ich, dass der Stern auf der Spitze ganz golden ist und viele farbige Kugeln möchte ich auch.«

»Kann ich auf dir auch Kerzen anzünden?«, fragte der Vater.

»Ja«, sagte der Hirsch, »aber bitte vorsichtig mit Engelshaar.«

So nahm der Vater den Hirsch mit nach Hause und schmückte ihn ganz geheim, aber geschmackvoll. »Röhren darfst du nicht«, sagte der Vater, »als Weihnachtsbaum musst du deine Schnauze halten.«

»Welcher Weihnachtsbaum röhrt schon?«, fragte der Hirsch entrüstet.

Die Kinder waren begeistert und riefen: »Also so ein Weihnachtsbaum! Der ist einmalig!«

»Der ist wirklich einmalig«, sagte der Vater und zwinkerte zum Hirsch. Der Hirsch zwinkerte zurück.

Später am Abend hörte man auf einmal vor dem Fenster ein leises Röhren. Da wurde der Weihnachtsbaum unruhig und dann röhrte er auch.

Die Kinder sagten: »Papi, der Weihnachtsbaum röhrt.«

»Was einem heutzutage alles als Weihnachtsbaum verkauft wird«, sagt der Vater. »Unglaublich.«

Da sagte der Weihnachtsbaum: »Entschuldigt bitte, aber mein bester Freund ist da.« Und er röhrte ganz wehmütig.

Dann ging er hinaus in die weiße Sternennacht. Die Kinder liefen ihm nach, weil ihnen der Weihnachtsbaum so gefiel.

Und der Weihnachtsbaum sagte: »Kommt mit in den Wald, wo die Tiere feiern. Die brauchen auch einen Weihnachtsbaum.«

Und die Kinder gingen hinter den beiden Hirschen her bis zur Lichtung. Da waren viele Tiere versammelt, die sich über den Weihnachtsbaum freuten.

Der Weihnachtsbaum röhrte ein Lied und die Tiere summten mit. Und als Bescherung bekam jedes Tier eine goldene Nuss vom Weihnachtsbaum und einen Zimtstern.

Und das Licht auf der Lichtung war bläulich.

Heinrich Hannover

Wie sich das Christkind
das Bein gebrochen hatte

Als die Kinder durch den Bürgerpark liefen, hörten sie plötzlich ein Kind jammern.

Auuu, auuu, auuu!

Sie bogen die Büsche auseinander und da sahen sie auf dem zugefrorenen Teich ein Kind liegen. Vorsichtig schlichen sie heran, denn das Eis war sehr glatt.

»Bist du hingefallen?«, fragten sie das Kind.

»Ja, au, au, und ich glaube, ich habe mir das Bein gebrochen.«

Da hoben es die Kinder vorsichtig auf und setzten es auf ihren Schlitten und zogen es durch den ganzen Bürgerpark und durch die Stadt bis zum Krankenhaus.

Unterwegs musste nun das Kind erzählen, wie das Unglück geschehen sei.

»Ja, wisst ihr, ich bin nämlich das Christkind . . .«

»Was, du bist das Christkind? Wo ist denn dann der Nikolaus?«

»Ja, der hat sich schnell im Gebüsch versteckt, als ihr gekommen seid, denn er lässt sich nicht gern von Menschen sehen. Mich kriegen die Menschen ja sonst auch nicht zu sehen, aber wenn sich das Christkind das Bein bricht, kann es halt nicht von der Stelle.«

»Und wo ist denn der Sack, wo die schönen Sachen für die Kinder drin sind? Denn heute Abend ist doch Weihnachten!«

»Ja, heute Abend ist Weihnachten«, sagte das Christkind und weinte ein bisschen. »Den Sack hat der Nikolaus bei sich. Wenn der Sack nicht wäre, dann wäre das Unglück nicht passiert. In dem Sack war nämlich auch ein

Paar Schlittschuhe für irgendein liebes Kind und da wollte ich einmal ausprobieren, wie es sich darauf läuft. Der Nikolaus hat sie mir angeschnallt und dann bin ich losgelaufen. Aber plötzlich – plumps – bin ich hingefallen. Und so habe ich mir ein Bein gebrochen und weiß nun gar nicht, wie ich noch heute Abend zu den lieben Kindern kommen soll.«

»Nun, wein nicht, liebes Christkind«, sagten die Kinder.

Und da waren sie beim Krankenhaus angelangt.

Im Krankenhaus bekam das Christkind eine Schiene an das gebrochene Bein und dann wurde es in ein weiches Bettchen gelegt. Natürlich sprach es sich im Krankenhaus herum, dass das Christkind in Zimmer vierundzwanzig lag, und dauernd schlich sich jemand an die Tür, stellte sich auf die Zehen und schaute zu dem kleinen Fenster in der Tür ins Zimmer hinein, um einmal das Christkind zu sehen. Als auch der Doktor hineinschaute, sah er, dass das Christkind weinte. Da ging er hinein und fragte: »Tut dir etwas weh?«

»Nein, nein«, sagte das Christkind, »ich weine nur, weil heute Abend doch

Weihnachten ist und ich bis dahin noch nicht wieder gesund werde. Wer soll denn nun den lieben Kindern die schönen Sachen bringen?«

Da wusste der Doktor auch keinen Rat.

Aber plötzlich musste das Christkind lachen, denn ihm war ein guter Gedanken gekommen.

»Ach, Herr Doktor, bringen Sie mir doch bitte mal eine Uhr«, bat es den Doktor. Und als der die Uhr brachte, da hielt das Christkind mit seinem kleinen Finger den großen Zeiger an – und da stand die Zeit still. Der Doktor schlief auf der Stelle ein und die anderen Kranken und die Schwestern und alle Menschen auf der ganzen Welt schliefen drei Wochen da, wo sie gerade lagen oder standen, und merkten nicht, dass die Zeit stillstand.

Als das gebrochene Bein vom Christkind wieder heil war, schlich es sich aus dem Bett und an all den schlafenden Menschen vorbei durch eine Hintertür aus dem Krankenhaus. Aber kurz bevor es das Haus verließ, stieß es den Zeiger wieder an, damit die Zeit weiterging. Da wachten alle Menschen wieder auf und im Krankenhaus erzählten sich die Kranken, die Schwestern und die Doktoren: »Das Christkind ist weg!«

Und als es dunkel wurde, hatten alle Kinder auf der Welt eine Weihnachtsbescherung, die so schön war wie alle Jahre. Besonders schön aber hatten es die Kinder, die das Christkind im Bürgerpark gefunden und ins Krankenhaus gebracht hatten. Das Christkind hatte ihnen einen neuen Schlitten und jedem ein Paar Schlittschuhe geschenkt.

Erwin Moser

Die Weihnachtsmäuse

Im Haus der Familie Horvath gab es einen kleinen Raum, den alle Familienmitglieder »Speisekammer« nannten. Aber eigentlich war er mehr ein Abstellraum, ein Besenkammerl. Früher, zu Großvaters Zeiten, als es noch keine Kühlschränke gab, war er eine richtige Speisekammer gewesen. Nun waren die Regale der Speisekammer mit leeren Flaschen, alten Schuhen, vergilbten Zeitungen, leeren Kartons und anderem Krimskrams gefüllt. Nur in einem Fach stand noch eine lange Reihe von Marmeladegläsern.

Im Dezember, als die Tage und Nächte immer kälter geworden waren, hatten sich zwei Hausmäuse vom Dachboden in dieser Speisekammer einquartiert. Die Kälte hatte sie heruntergetrieben. Irgendwie hatten sie einen Weg in die Speisekammer gefunden. Wie – das wussten nur die Mäuse selber. Für Menschen wird es ewig unverständlich bleiben, wie Mäuse in geschlossene Räume eindringen können. Das ist das große Geheimnis des Mäusevolkes!

In der Speisekammer war es viel angenehmer als auf dem zugigen Dachboden, denn sie lag direkt neben dem geheizten Wohnzimmer. Die beiden Mäuse bauten sich ein weiches, bequemes Nest in dem Karton mit Weihnachtsschmuck und es gefiel ihnen recht gut in ihrer neuen Umgebung. Der Speisezettel ließ zwar zu wünschen übrig – die Mäuse konnten nur Marmelade essen –, aber sie hatten es warm, und das war ihnen für den Augenblick das Wichtigste.

Doch dann trat ein Ereignis ein, das den beiden Hausmäusen wie ein Wunder vorkam! Einige Tage vor Weihnachten buk Mutter Horvath große Mengen von Weihnachtsbäckerei. Drei volle Teller mit den verschiedensten

Köstlichkeiten stellte sie in das Regal in der Speisekammer. Als sie die Tür hinter sich geschlossen hatte, kamen die Mäuse aus ihrem Versteck hervor und begannen nach Herzenslust die frischen Bäckereien zu benagen. Und wie hungrig sie waren! Sie konnten beinahe nicht mehr aufhören zu essen. Während die Mäuse bei ihrem Mahl saßen, öffnete sich plötzlich ganz, ganz leise die Speisekammertür. Elisabeth, die neunjährige Tochter der Horvaths, schlich herein. Sie wollte nämlich an den Bäckereien naschen und war deswegen so leise, weil es ihr die Mutter verboten hatte. Natürlich – Weihnachtsbäckerei ist für Weihnachten und für die Feiertage danach bestimmt!

Die beiden Hausmäuse bemerkten Elisabeth nicht sofort und so konnte sie das Mädchen einige Augenblick lang beobachten. Dann allerdings spürten die Mäuse die Anwesenheit des Menschen und huschten gedankenschnell in ihr Versteck. Elisabeth war entzückt von dieser seltenen Beobachtung. »Ihr braucht keine Angst zu haben, Mäuse!«, flüsterte sie. »Ich tue euch nichts. Ich werde auch nicht verraten, dass ihr genascht habt!« Elisabeth guckte vorsichtig hinter die Kartons, aber von den Mäusen war nichts mehr zu sehen. Nicht einmal eine Schwanzspitze. Da hörte sie die Mutter ihren Namen rufen und Elisabeth verließ rasch die Speisekammer.

In den darauf folgenden Tagen besuchte Elisabeth mindestens zehnmal die Speisekammer. Sie tat es heimlich, wenn Mutter gerade in der Küche beschäftigt war. Die Mäuse sah das Mädchen nicht mehr, aber es bemerkte mit Wohlwollen, dass weitere Bäckereien benagt worden waren.

»Ich werde euch ein bisschen Wurst und Käse bringen«, sagte Elisabeth einmal. »Von den vielen Süßigkeiten verderbt ihr euch sonst den Magen.«

Und dann war der 24. Dezember da! Am Nachmittag besuchte Elisabeth ihre Freundin, die drei Häuser weiter wohnte, während ihre Eltern den Weihnachtsbaum schmückten.

Als Elisabeth gegen Einbruch der Dunkelheit nach Hause kam, stand bereits der Christbaum in all seiner Pracht auf dem Tisch im Wohnzimmer.

»Stell dir vor, Lisi«, sagte die Mutter, »in der Speisekammer sind Mäuse!

Sie haben unsere gute Weihnachtsbäckerei angefressen. Ich musste viel davon wegwerfen. Vater hat bereits einige Mausefallen aufgestellt.«

»Nein!«, rief Elisabeth heftig. »Das dürft ihr nicht tun! Das ist gemein von euch!«

Mutter machte ein bestürztes Gesicht.

»Aber Lisi!«, rief sie.

Elisabeth lief in die Speisekammer und stieß mit einem Besenstiel die Mausefallen aus dem Regal. Sie hatte Tränen in den Augen und war sehr wütend.

Vater kam in das Zimmer. »Was ist denn hier los?«, fragte er, als er seine zornige Tochter sah.

»Ich weiß nicht«, sagte die Mutter ein bisschen hilflos. »Ich verstehe das nicht.«

Elisabeth gab den Mausefallen Tritte. Nun heulte sie drauflos.

Vater begann schön langsam zu begreifen. »Aber Lisi«, sagte er, »es ist doch nichts Ungewöhnliches, dass man Mäusefallen aufstellt, wenn Mäuse im Haus sind. Mäuse sind üble Schädlinge!«

»Diese nicht!«, heulte Elisabeth. »Sie haben bloß Hunger . . . und . . . und sie sind genauso von Gott erschaffen . . . alle Tiere sind das . . . und heute ist doch Weihnachten . . . «

Mutter und Vater sahen sich betroffen an.

»Beruhige dich, mein Sonnenscheinchen«, sagte Vater milde und drückte Elisabeth an sich. »Du hast ja Recht . . . Weißt du, was? Gleich morgen früh werden wir die Mäuse gemeinsam suchen. Wir geben sie in eine Schachtel und tragen sie in die Scheune. Dort haben sie es viel schöner als in der muffigen Speisekammer. Im Stroh ist es warm und dort finden sie auch viele Getreidekörner, sodass sie nicht hungern müssen. Einverstanden?«

Elisabeth schluchzte, aber schließlich nickte sie. Mutter drehte seufzend die Augen zum Himmel. Aber sie lächelte dabei.

Der Abend war gerettet und es wurde noch ein schönes Weihnachtsfest.

Unter den vielen Geschenken, die Elisabeth bekam, befanden sich auch

eine kleine Puppenküche und ein Puppenschlafzimmer. Elisabeth war glücklich.

Als die Familie Horvath schlafen gegangen war und im Haus alles still war, kamen die zwei Mäuse aus der Speisekammer in das Wohnzimmer geschlichen. Die Horvaths hatten nämlich vergessen die Speisekammertür zu schließen.

Die Hausmäuse schnupperten. Zweierlei rochen sie: würzigen Tannennadelduft vom Christbaum und, etwas feiner, die Weihnachtsbäckerei, die auf dem Tisch unter dem Baum stand. Beide Düfte gefielen ihnen außerordentlich und sie kletterten auf den Tisch und aßen sich noch einmal satt. Dann huschten sie durch das Wohnzimmer, berochen dies und jenes und schlüpften schließlich in Elisabeths Zimmer. Dort fanden die Mäuse in einer dunklen Ecke das Puppenschlafzimmer. Und weil sich das kleine Puppenbettchen so einladend weich anfühlte, krochen sie hinein und waren kurz darauf ebenfalls eingeschlummert . . .

Günter Spang

Ochs und Esel

Im Stall der Herberge von Bethlehem standen ein Ochs und ein Esel. Der Esel hieß Schnuff. Leider war es kein besonders ordentlicher Stall, denn das Dach war kaputt. Und der Ochs war ein grober, ungehobelter Geselle. Wollte sich Schnuff an ihm wärmen, stieß der Ochs ihn jedes Mal mit den Hörnern. Auch fraß der Ochs immer so gierig das Heu, dass für Schnuff kaum etwas übrig blieb. Von Woche zu Woche wurde der Ochs fetter. Schnuff aber wurde immer magerer.

Fuhr der Herbergsvater zum Markt, musste immer Schnuff den schweren Wagen ziehen. Der Ochs war nämlich so wild, dass niemand ihn einzuspannen wagte. Für Schnuff, den Esel, war das kein schönes Leben. Er war deshalb die meiste Zeit traurig.

Er war es auch in der Weihnachtsnacht, in der mit einem Mal der Stern über dem Stall stand. Dicht über dem kaputten Dach stand er: ein großer, wunderbarer Stern. Er erleuchtete den ganzen Stall. Da fühlte sich Schnuff wie verzaubert und seine Traurigkeit verflog, als sei sie nie da gewesen.

Und als dann der Zimmermann und die Jungfrau Maria in den Stall hereinkamen, in den der hartherzige Herbergsvater sie wies, rief Schnuff, der Esel, laut »I-a«. So sehr freute er sich. Und er wusste nicht einmal recht, warum. Maria lächelte darüber und Josef kraulte Schnuff hinter den Ohren. Da war Schnuff ganz selig. Es war das erste Mal, dass jemand das tat.

In dieser Heiligen Nacht brachte Maria das Jesuskind zur Welt. Das Jesuskind schrie so laut, dass sich dem Esel Schnuff vor lauter Schreck die Haare in die Höhe stellten. Doch dann sagte sich Schnuff: Es schreit bestimmt, weil es friert. Deshalb schob er seinen Kopf ganz nahe an die Krippe heran,

in der das Jesuskind lag. Er blies das Jesuskind mit seinem warmen Atem an, bis es sich beruhigte und einschlief. Der Ochs stand breitbeinig da und glotzte verlegen.

Am frühen Morgen eilten Hirten von den Feldern herbei: Einer trug einen mächtigen Heuballen auf dem Rücken. Von diesem Heu gab Josef dem Esel Schnuff und dem Ochsen zu fressen. Schnuff sah dabei zu seinem Erstaunen, dass der Ochs viel weniger fraß als sonst. Ja, schließlich schob der Ochs sogar einen großen Teil seiner Portion mit dem Maul zu Schnuff hin. Er drängte sich sanft an Schnuff heran und leckte ihm zärtlich das struppige Fell.

Dem Herbergsvater gegenüber war der Ochs nicht so sanft. Als der kurz darauf in den Stall hineinguckte, versetzte der Ochs ihm mit den Hinterbeinen einen kräftigen Stoß und er flog in hohem Bogen zur Tür hinaus. Jetzt hatte der Herbergsvater seine Strafe dafür, dass er Maria und Josef in den armseligen Stall geschickt hatte, statt ihnen ein Zimmer in der Herberge zu geben. Maria aber drohte lächelnd mit dem Finger und sagte: »Schäm dich, Ochs!«

Nachmittags schaffte Josef Bretter herbei und flickte damit das Dach. Nun konnte es nicht mehr hereinregnen. Nun war es sehr gemütlich im Stall. Zumal jetzt auch der Ochs für Wärme sorgte. Einmal blies er das Jesuskind mit seinem Atem an, einmal tat das Schnuff. Von nun an wechselten sie sich ab.

Nur als die Heiligen Drei Könige zum Jesuskind kamen und es anbeteten, da stellten sich Schnuff und der Ochs geschwind in den hintersten Winkel des Stalles. Weil sie den Weihrauch nicht mochten! Der juckte sie ganz entsetzlich in der Nase. Schnuff musste in einem fort niesen: »I-a-atschi! I-a-atschi!« Der Esel Schnuff und der Ochs kamen erst wieder aus ihrer Ecke hervor, als die Heiligen Drei Könige weitergereist waren. Weil aber die Heiligen Drei Könige dem Jesuskind ein Kästchen mit Gold und Edelsteinen geschenkt hatten, streckte der Ochs von nun an nachts immer den Kopf zum Stallfenster hinaus.

Die ganze Nacht lang guckte er nach draußen, rollte die Augen und machte ein grimmiges, Furcht erregendes Gesicht. Damit sich ja kein Dieb in den Stall hereinwagte! Schnuff, der Esel, vertrieb inzwischen mit dem Schwanz

eifrig die Nachtfalter und passte auf, dass sich keiner dem Jesuskind auf die Nase setzte. So sorgten Schnuff und der Ochs unermüdlich für die Heilige Familie.

Dann kam die Nacht, in der Josef und Maria ihre Habseligkeiten zusammenpackten, denn sie wollten mit dem Jesuskind nach dem Land Ägypten ziehen. Da trat reumütig der Herbergsvater in den Stall. Er sagte zu Josef: »Ich hab für das Jesuskind noch ein Geschenk!«

Und er ging zu Schnuff hin und fasste ihn am Hals. Er kraulte Schnuff auch ein wenig hinter den Ohren, dann führte er ihn aus dem Stall hinaus. Der Herbergsvater sagte: »Schnuff soll Maria und das Jesuskind tragen! Mit ihm werdet ihr viel schneller und auch bequemer vorwärts kommen!« Schnuff, der Esel, rief daraufhin laut und fröhlich: »I-a! I-a! I-a!« So durfte Schnuff mit der Heiligen Familie auf die Reise gehen.

Geduldig und brav trug er Maria und das Jesuskind und kein Weg war ihm zu steinig, und kein Weg war ihm zu lang. Der Ochs musste zurückbleiben. Von nun an zog er den schweren Wagen, wenn der Herbergsvater zum Markt fuhr. Anfangs kam er sich ohne Schnuff recht verlassen vor, das kann man sich denken. Der große, wunderbare Stern aber, der über dem Stall stand, blieb bei ihm. Solange er lebte.

Quellenverzeichnis

Askenazy, Ludwig: Der lebendige Weihnachtsbaum, aus: Ludwig Askenazy/Helme Heine, Du bist einmalig, © Gertraud Middelhauve Verlag GmbH & Co. KG, München 1981

Boie, Kirsten: Weihnachtsgeheimnisse, aus: dies.: Alles ganz wunderbar weihnachtlich, © Verlag Friedrich Oetinger GmbH, Hamburg 1992

Bräunling, Elke: Als der Weihnachtsmann verschlafen hatte ..., © bei der Autorin

Bröger, Achim: Die Weihnachtskatze, aus: Irene Wellershoff (Hrsg.), Siebenstein, Ein Lese-Bilderbuch, Band 1, © beim Autor

Gider, Iskender: Wir warten auf den Weihnachtsmann, © Michael Neugebauer Verlag, Gossau 1988

Hannover, Heinrich: Wie sich das Christkind das Bein gebrochen hatte, © beim Autor

Heuck, Sigrid: Der König von Opalistan, aus: dies.: Frohe Weihnachten, liebes Christkind, © Edition Bücherbär im Arena Verlag GmbH, Würzburg 1999

Kock, Haucke: Die Insel der Schokoweihnachtsmänner, © Carlsen Verlag GmbH, Hamburg 2000

Mai, Manfred: Warten auf Weihnachten, aus: Das neue Adventskalenderbuch, © beim Autor

Mayer-Skumanz, Lene: Weihnachtsgeschenke, aus: Dirnbeck/Mayer-Skumanz, Der Engel Blasius, © Lene Mayer-Skumanz

Moser, Erwin: Die Weihnachtsmäuse, aus: Marion Pongracz (Hrsg.), Das große Weihnachtsbuch für Kinder, © Annette Betz Verlag, Wien-München, 1986

Pausewang, Gudrun: Der Weihnachtsmann im Kittchen, aus: dies.: Der Weihnachtsmann im Kittchen, © Gudrun Pausewang

Rechlin, Eva: Jaki sucht das Wichtigste, © Oncken Verlag, Wuppertal (o. J.)

Rossmeisl, Helga R.: Das Märchen vom ersten Schnee, aus: dies.: Unser großes Weihnachtsbuch, © Schwager & Steinlein GmbH, Fürth 1980

Scheffler, Ursel: Das besondere Weihnachtspaket, aus: dies.: Mein großes Weihnachtsbuch, Erzählen, singen, basteln ..., © Ursel Scheffler

Scheffler, Ursel: Der Bäckerbär in Not, aus: dies.: Weihnachten in Bommerlund. 24 Bärengeschichten zum Vorlesen, © Ursel Scheffler

Scheffler, Ursel: Die Weihnachtsmann GmbH, aus: dies.: Mein großes Weihnachtsbuch, Erzählen, singen, basteln ..., © Ursel Scheffler

Scheffler, Ursel: Tante Bärta und der Weihnachtsmann, aus: dies.: Weihnachten in Bommerlund. 24 Bärengeschichten zum Vorlesen, © Ursel Scheffler

Schöniger, Eveline: Die Geschichte von Rudolf Rotnase, © bei der Autorin

Spang, Günther: Ochs und Esel, © Echter Verlag, Würzburg 1982

Steinwart, Anne: Joscha wartet auf Schnee, © bei der Autorin

Uebe, Ingrid: Das Lied der Krähen, aus: dies.: Der kleine Brüllbär feiert Weihnachten, © Ingrid Uebe

Welsh, Renate: Lisa und ihr Tannenbaum, aus: Sabine Schuller (Hrsg.), Das Ravensburger Buch der Advents- und Weihnachtsgeschichten, © Welsh

Williams, Gladys: Was in der Nacht bei Semolina Seidenpfote geschah, aus: Semolina Seidenpfote, enthalten in »Das große Gutenachtbuch für Kinder«, Annette Betz Verlag, © Annette Betz Verlag im Verlag Carl Ueberreuther, Wien-München

Wilsdorf, Anne (aus dem Französischen von Roland Müller): Als der Weihnachtsmann Feuer fing, © Anne Wilsdorf

Wir danken allen Lizenzgebern für die freundliche Zustimmung zum Abdruck dieser Geschichten. Sollten, trotz intensiver Nachforschungen des Verlages, Rechteinhaber nicht ermittelt worden sein, so bitten wir diese sich mit dem Verlag in Verbindung zu setzen.